RECUEIL

DE

LOIS, DÉCRETS, ORDONNANCES ET ARRÊTÉS

CONCERNANT

L'ADMINISTRATION

DE LA POSTE AUX LETTRES

DE 1790 A 1874.

PARIS.

IMPRIMERIE NATIONALE.

—

1875.

RECUEIL

DE

LOIS, DÉCRETS, ORDONNANCES ET ARRÊTÉS

CONCERNANT L'ADMINISTRATION

DE LA POSTE AUX LETTRES

DE 1790 À 1874.

©

RECUEIL

DE

LOIS, DÉCRETS, ORDONNANCES ET ARRÊTÉS

CONCERNANT

L'ADMINISTRATION

DE LA POSTE AUX LETTRES

DE 1790 A 1874.

PARIS.

IMPRIMERIE NATIONALE.

1875.

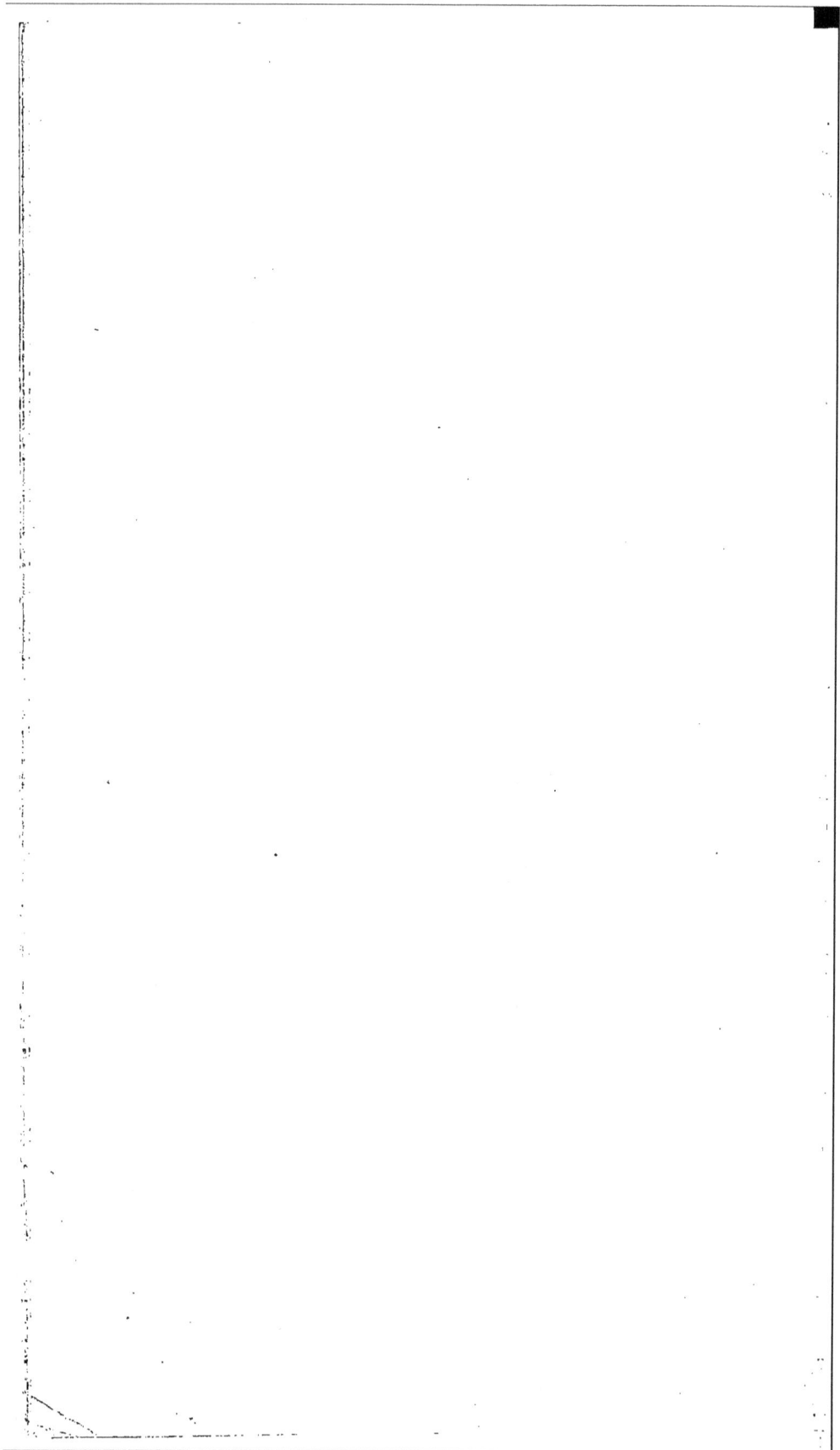

INTRODUCTION.

(EXTRAIT DES DOCUMENTS ANNEXÉS À L'INSTRUCTION GÉNÉRALE DES POSTES).

L'institution d'un service régulier de communications en poste est due à Louis XI, qui créa, par un édit en date du 19 juin 1464, un office de *Conseiller grand maître des coureurs de France*, et plaça sous les ordres de cet officier, attaché à sa personne, un certain nombre de *maîtres* établis, de quatre en quatre lieues, sur les grands chemins du royaume, avec charge d'entretenir les chevaux courant pour le service du Roi.

A cette époque, en effet, le service du Roi, des délégués de son autorité dans les provinces, ou des personnages accrédités par lui auprès des cours étrangères, était à peu près seul intéressé à la nouvelle institution; aussi, les termes mêmes de l'édit de 1464, qui définissent les attributions et les conditions de choix du Conseiller grand maître des coureurs de France, ont-ils donné, dès l'origine, à cette charge, un caractère politique qu'elle a toujours conservé au milieu des modifications qui s'introduisirent dans l'institution des Postes avec le développement des relations sociales, et qui ajoutèrent, à l'objet primitif de cette institution, l'exploitation d'un grand service public.

Depuis 1464 jusqu'en 1627 on ne trouve aucun acte législatif de quelque intérêt sur le service des Postes; mais, déjà, les particuliers commençaient à utiliser les communications établies, et confiaient aux courriers le transport de leurs lettres et, surtout, des articles de messagerie; toutefois, aucun règlement n'avait encore déterminé la taxe à percevoir pour ce transport, et les expéditeurs la fixaient eux-mêmes arbitrairement. C'est un arrêt du Conseil d'État du Roi, en date du 16 octobre 1627, qui donna force de loi au premier règlement intervenu pour la taxe des lettres et paquets des particuliers, entre Paris, Bordeaux, Lyon, Toulouse et Dijon. Indépendamment de ce tarif, le règlement contenait les dispositions spéciales ci-après :

Extrait du Règlement du 16 octobre 1627.

..... Et d'autant que chacun se licencie de mettre or, argent ou pierreries dans leurs dits paquets, dont ils prétendent rendre responsables nos dits courriers, et à quoi il se peut commettre plusieurs abus, défendons très-expressément à tous particuliers qui se voudront servir de ladite voie pour l'envoi de leurs dites lettres et paquets, d'y mettre or, argent, pierreries ou autres choses précieuses, à peine qu'où il en arriverait faute, nos dits courriers ni leurs distributeurs n'en demeureront responsables;

Et néanmoins, pour ne priver le public de cette commodité, et de l'envoi de petites sommes, pour instruction de procès ou autrement, ordonnons à nos commis desdits bureaux de tenir entre eux correspondances de remises, et de recevoir les deniers qui leur seront présentés à découvert, dont ils chargeront leur registre, pourvu qu'ils n'excèdent la somme de 100 livres de chaque particulier, et de se contenter d'un prix raisonnable pour le port d'iceux à proportion de la distance des lieux [1].

A dater du règlement du 16 octobre 1627, l'intérêt fiscal du service des Postes se développe : l'exploitation ne tarde pas à être affermée à des particuliers, qui ont à lutter contre la concurrence des entrepreneurs de transports libres; sur leurs réclamations, sont rendus les arrêts qui ont constitué le privilége des fermiers et, plus tard, de l'Administration elle-même, pour le transport exclusif des correspondances.

Arrêts du Conseil d'État des 18 juin et 29 novembre 1681 [2].

. . . . . Sa Majesté a fait et fait très-expresses inhibitions et défenses à tous messagers, auxquels la finance de leurs offices a été remboursée, et tous maîtres des coches, carosses et litières, poulaillers, beurriers, muletiers, piétons, mariniers, bateliers, rouliers, voituriers tant par terre que par eau, et à toutes autres personnes, de quelque qualité et condition qu'elles soient, autres que ceux qui auront droit et pouvoir dudit Patin et de ses intéressés, de se charger ni souffrir que leurs valets ou postillons, et même les personnes qu'ils conduiront par leurs voitures, se chargent d'aucunes lettres ni paquets de lettres, mais seulement des lettres de

---

[1] Origine des articles d'argent et des valeurs cotées.

[2] Constitution du privilége des Postes; surveillance et répression de la fraude.

voiture des marchandises qu'ils voitureront, qui seront ouvertes et non cachetées; comme aussi à toutes personnes,
de se charger de la distribution desdites lettres et paquets
de lettres, autres que ceux qui seront commis par ledit
Patin et ses intéressés, à peine de 300 livres d'amende pour
chacune contravention, qui ne pourra être remise ni mo-
dérée pour quelque cause que ce soit, applicable le tiers au
dénonciateur, s'il y en a, le tiers à l'hôpital des lieux où les
contraventions auront été découvertes, et l'autre tiers au
profit dudit Patin et de ses intéressés, et de confiscation
des équipages dans lesquels lesdites lettres auront été saisies.
Permet pour cet effet, Sa Majesté audit Patin, de faire visiter par ses procureurs, commis et préposés, les coches,
carrosses, litières, paniers, valises, bateaux et magasins d'i-
ceux, pour connaître s'il n'y aura pas été mis, caché ou re-
célé des lettres ou paquets de lettres pour passer en
fraude [1].

Extrait de la déclaration du 8 juillet 1759.

Art. 6. Voulons que ceux qui jugeront à propos de faire
charger des lettres, paquets de lettres et papiers les con-
signent auxdits fermiers, directeurs et commis qui en chargeront leurs lettres d'avis, dont ils demeureront déchargés
en cas de vol, en rapportant procès-verbal des juges et des
officiers des lieux proche desquels les courriers auront été
volés; auquel fermier nous attribuons le double port et affranchissement ordonné par ledit tarif, tant pour les paquets
chargés dans l'intérieur du royaume que pour ceux qu'il en-

---

[1] Arrêts insérés au *Bulletin des lois* par arrêté du Directoire exécutif du 26 ventôse an VII.

verra chargés dans les pays étrangers ou qu'il en recevra [1].

Art. 7. Il sera établi dans notre ville de Paris différents bureaux pour porter d'un quartier dans un autre, dans l'enceinte des barrières, des lettres et paquets, sur le pied de 2 sols par lettre simple, le billet ou carte au-dessous d'une once, soit qu'il y ait enveloppe ou qu'il n'y en ait pas, et 3 sols l'once pour les paquets; et à l'effet de prévenir les abus, le port sera payé d'avance; les lettres et paquets seront timbrés du timbre particulier à chaque bureau dont ils seront partis; toutes les lettres et tous les paquets seront apportés à un bureau général pour être de là distribués dans la ville, et ne pourra aucun distributeur se charger en chemin d'aucune lettre ou paquet ni rendre aucune lettre non timbrée, sous peine de punition corporelle. N'entendons néanmoins, en aucun cas, empêcher les particuliers de faire porter leurs lettres ou paquets dans la ville et dans les faubourgs de Paris par telles personnes qu'ils jugeront à propos [2].

(Le considérant de l'article 7 commence ainsi : Ayant également reconnu qu'il serait utile de pourvoir, dans Paris, etc. etc... par l'établissement d'une poste intérieure dont chacun serait libre d'user ou de ne pas user... etc.)

A partir de la Révolution, l'exploitation du service des postes cesse d'être mise en ferme et est confiée à des administrateurs nommés par le pouvoir central et non intéressés dans les produits. En même temps on procède à la révision

---

[1] Origine du chargement.

[2] Première réglementation de la distribution des lettres de Paris pour Paris.

des règlements anciens, on les coordonne et l'on jette les fondements d'une organisation nouvelle. Les décrets de 1790 à 1793, qui résument les travaux de cette époque, sont le point de départ de notre législation, et, à ce titre, ils conservent, quoique abrogés en grande partie, une importance exceptionnelle. Nous les reproduisons donc au commencement du Recueil, en n'éliminant que les dispositions relatives à l'administration de la poste aux chevaux et des messageries, sans intérêt aujourd'hui.

On trouvera, à la suite de ces décrets, plusieurs autres documents législatifs n'ayant comme eux qu'une valeur historique, mais utiles à consulter pour qui veut étudier le développement et les transformations successives du régime postal. — Afin de distinguer nettement les textes abrogés de ceux qui sont encore en vigueur aujourd'hui, nous avons adopté le caractère italique pour les premiers et le caractère romain pour les seconds. Nous ne pouvons cependant pas garantir l'exactitude absolue de cette distinction, parce que, d'une part, les articles d'abrogation contenus dans les lois sont le plus souvent conçus en termes généraux et ne visent pas expressément les dispositions rapportées, et que, de l'autre, des réformes d'une certaine importance, quoique d'ordre intérieur seulement, ont été introduites à diverses époques dans le service de la poste sans la sanction du pouvoir législatif. Il suffira, pour éviter toute méprise, de se reporter, en cas de doute sur la valeur actuelle d'un texte, à l'instruction générale et aux circulaires de l'Administration.

RECUEIL

DE

LOIS, DÉCRETS, ORDONNANCES ET ARRÊTÉS

CONCERNANT L'ADMINISTRATION

DE LA POSTE AUX LETTRES,

DE 1790 À 1874.

DÉCRET DU 12 JUIN 1790.

Dépenses de la Régie générale et résiliation de l'abonnement avec les fermiers des postes.

ART. 3. L'abonnement fait avec les fermiers des postes sera résilié à compter du jour de la publication du présent décret.

(Voir décret des 26-29 août 1790.)

DÉCRET DES 26-29 AOUT 1790.

Direction et administration générale des Postes.

TITRE 1er. — DIRECTION ET ADMINISTRATION GÉNÉRALE.

ART. 1er. *Les postes aux lettres, les postes aux chevaux et les messageries continueront à être séparées quant à l'exploitation; mais, pour que ces établissements puissent s'entr'aider et ne pas se nuire, ils seront réunis dès à présent sous les soins du commissaire des postes nommé par le roi, en vertu du décret du 19 juillet dernier, pour remplir les fonctions des ci-devant intendants des postes et messageries. Dans les cas d'absence ou de maladie du commissaire des postes, il sera suppléé dans ses fonctions par le plus ancien des administrateurs présents.*

Art. 2. *Avant le 1er septembre prochain*, les commissaires des postes et les administrateurs prêteront serment entre les mains du roi de garder et observer fidèlement la foi due au secret des lettres, et de dénoncer aux tribunaux qui seront indiqués toutes les contraventions qui pourraient avoir lieu et qui parviendraient à leur connaissance. Les employés dans les postes prêteront *sans frais* le même serment devant les juges ordinaires des lieux, *d'ici au 1er octobre prochain.*

Art. 3. *Le bail des postes passé à J. B. Poinsignon, par le résultat du conseil du 2 avril 1786, pour finir au 31 décembre 1791, ensemble les soumissions des fermiers postérieures au bail, notamment celle du 29 septembre 1789, portant abandon, à titre de don patriotique, de la totalité des trois quarts du bail des postes, auront leur pleine et entière exécution.*

Art. 4. *Le tarif de 1759 et tous les règlements d'après lesquels sont actuellement administrées les postes aux lettres et les postes aux chevaux continueront à avoir leur pleine et entière exécution jusqu'au 1er janvier 1792. Avant cette époque et d'après les instructions que le pouvoir exécutif fournira, il sera procédé par le Corps législatif à la rectification du tarif, à celle des règlements et usages des postes, des traités avec les offices des postes étrangères, de l'organisation actuelle des postes aux lettres et des postes aux chevaux, aux nouveaux établissements relatifs à la division actuelle du royaume et à ceux que sollicite le commerce, enfin aux améliorations et aux économies dont ces différents services sont susceptibles.*

Art. 5. *Pour faciliter au pouvoir exécutif les moyens de fournir les instructions dont il est chargé par l'article précédent, pour assurer l'exactitude du service des postes et réduire pour l'avenir cette Administration à l'économie dont elle est susceptible, l'Assemblée a cru devoir en établir les principales bases. En conséquence, à dater du 1er janvier 1792, l'Administration générale des postes aux lettres, des postes aux chevaux et des messageries sera régie par les soins d'un directoire des postes, composé d'un président et de quatre administrateurs non intéressés dans les produits.*

Art. 6. *Leurs traitements et frais de bureau réunis seront de 80,000 livres, savoir : pour le président, 20,000 livres, et pour chacun des quatre administrateurs, 15,000 livres. Le pouvoir exécutif fera, dès à présent, dans l'Administration actuelle, le choix de ses agents, qui seront logés à l'hôtel des postes.*

TITRE II. — POSTE AUX CHEVAUX.

TITRE III. — MESSAGERIES.

TITRE IV. — ATTRIBUTIONS DES VÉRIFICATIONS, CONTESTATIONS ET PLAINTES SUR LE SERVICE DES POSTES AUX LETTRES, DES POSTES AUX CHEVAUX ET DES MESSAGERIES.

ART. 1er. Les assemblées et directoires de département et de district, les municipalités ni les tribunaux ne pourront ordonner aucun changement dans le travail, la marche et l'organisation des services des postes aux lettres, des postes aux chevaux et des messageries. Les demandes et les plaintes relatives à ces services seront adressées au pouvoir exécutif.

ART. 2. *Les vérifications renvoyées par les règlements des postes et des messageries aux ci-devant intendants des provinces seront faites à la réquisition des chefs d'administration des postes, par les soins des directoires de département.*

ART. 3. Les contestations dont les jugements sont aussi renvoyés, par les règlements des postes et des messageries, aux ci-devant intendants des provinces et lieutenant de police de Paris, ainsi que celles qui s'élèveront à l'occasion de l'exécution des décrets des tarifs de perception et des recouvrements desdites parties, seront portées devant les juges ordinaires des lieux [1].

DÉCRET DES 17-22 AOÛT 1791.

Prix du transport des lettres, paquets, or et argent par la poste.

ART. 1er. *A compter du 1er janvier 1792, le prix du transport des lettres, paquets, or et argent sera payé conformément au tarif annexé au présent décret.*

ART. 2. *Pour établir les bases de ce tarif, il sera fixé un point central dans chacun des quatre-vingt-trois départements.*

ART. 3. *Les distances entre les départements seront calculées de point central en point central, à vol d'oiseau, et à raison de 2,283 toises par lieue.*

---

[1] Compétence judiciaire en matière d'application de tarifs.

Art. 4. *La taxe des lettres et paquets partant ou arrivant d'un département pour un autre sera la même pour tous les bureaux des deux départements.*

Art. 5. *Il sera dressé, sous la surveillance du Ministre des contributions publiques, une carte de France où seront désignés les points du centre de chaque département et les bureaux de poste établis dans leur enceinte.*

Art. 6. *Il sera de même dressé un tableau divisé en six mille huit cent quatre-vingt-neuf cases. Chaque case indiquera la distance du point central d'un département au point central d'un autre et la taxe de la lettre simple d'un département à un autre.*

Cette carte et ce tableau seront déposés aux archives de l'Assemblée nationale; un double de l'un et de l'autre sera aussi déposé dans les archives des postes et des exemplaires affichés dans tous les bureaux de poste.

Art. 7. *Il ne sera fait usage dans tous les bureaux de poste, pour la taxe des lettres et paquets, que du poids de marc.*

Art. 8. *Seront taxées comme lettres simples celles sans enveloppe et dont le poids n'excédera pas un quart d'once.*

Art. 9. *La lettre avec enveloppe ne pesant pas au delà d'un quart d'once sera taxée, pour tous les points du royaume, un sou en sus du port de la lettre simple.*

Art. 10. *Toute lettre, avec ou sans enveloppe, qui paraîtra être du poids de plus d'un quart d'once, sera pesée.*

Art. 11. *La lettre ou paquet pesant plus d'un quart d'once et au-dessous d'une demi-once payera une fois et demie le port de la lettre simple.*

La lettre ou paquet pesant demi-once et moins de trois quarts d'once payera le double de la lettre simple.

La lettre ou paquet pesant trois quarts d'once et moins d'une once payera trois fois le prix de la lettre simple.

La lettre ou paquet pesant une once et au-dessous de cinq quarts d'once payera quatre fois le prix de la lettre simple, et ainsi à proportion, de quart d'once en quart d'once.

Art. 12. *Toutes les fois que le poids des lettres ou paquets donnera lieu à une fraction de sou, cette fraction sera retranchée de la taxe.*

Art. 13. *Lorsqu'une lettre ou paquet aura été taxé dans l'un des bureaux de poste, sa taxe ne pourra être augmentée dans aucun autre bureau, à moins qu'il ne faille faire renvoi de la lettre ou paquet à une autre adresse.*

ART. 14. Les ports de lettres et paquets seront payés comptant. Il sera libre à tout particulier de refuser chaque lettre ou paquet, au moment où il lui sera présenté et avant de l'avoir décacheté.

ART. 15. *Il y aura, dans chaque département, un bureau de poste désigné pour la réduction des taxes faites par erreur au-dessus du tarif, et la remise de la surtaxe sera faite au réclamant, aussitôt que la lettre ou paquet détaxé, s'il y a lieu, aura été renvoyé au bureau où il était adressé.*

ART. 16. *Ne seront taxés qu'au tiers du port fixé par le tarif, les échantillons de marchandises, pourvu que les paquets soient présentés sous bandes ou d'une manière indicative de ce qu'ils contiennent. Le port ne sera jamais cependant au-dessous de celui de la lettre simple* [1].

ART. 17. *La taxe des journaux et autres feuilles périodiques sera la même par tout le royaume, savoir : pour ceux qui paraissent tous les jours, de 8 deniers par feuille d'impression, et pour les autres de 12 deniers.*

ART. 18. *Les livres brochés qui seront mis à la poste sous bande ne seront taxés, dans tout le royaume, qu'à un sou la feuille.*

ART. 19. L'Administration ne sera pas responsable des espèces monnayées, matières d'or ou d'argent, diamants et autres effets précieux qui auraient été insérés dans les lettres ou paquets.

ART. 20. Ceux qui voudront faire charger des lettres ou paquets, les remettront aux préposés des postes, qui percevront d'avance le *double* port, et en chargeront leurs registres [2].

ART. 21. *Lorsqu'une lettre ou paquet chargé à la poste ne sera pas parvenu à sa destination en France, dans la quinzaine au plus tard du jour du chargement, l'envoyeur ou celui à qui il aura été adressé pourront en faire la réclamation; et faute de remise de la*

---

[1] Régime des échantillons avant le décret du 24 août 1848. (Voir arrêté ministériel du 13 décembre 1848, art. 4.)

[2] Régime des chargements avant la loi du 20 mai 1854.

lettre ou paquet dans le mois de la réclamation, l'Administration des Postes sera tenue de payer au réclamant 300 livres.

ART. 22. Le port des matières d'or ou d'argent, monnayées ou non, sera, pour tout le royaume, *de cinq pour cent* de la valeur, et l'Administration sera responsable de la totalité de la somme dont elle sera chargée.

ART. 23. *L'Administration des Postes fixera le maximum des sommes qui pourront être expédiées par chaque courrier de chaque bureau de poste.*

ART. 24. *Les lettres et paquets destinés pour les colonies françaises seront affranchis jusqu'au port de l'embarquement;* le port en sera payé conformément au tarif et 2 sols en sus.

ART. 25. Les lettres et paquets venant des colonies françaises et remis aux commandants des navires par les directeurs des postes du lieu de leur départ, *seront taxés à 4 sols dans le lieu d'arrivée, lorsqu'ils seront destinés pour le port de débarquement.*

Ceux dont la destination sera plus éloignée, seront taxés, conformément au tarif, à raison des distances du lieu du débarquement à celui de leur destination, et 2 sols en plus.

ART. 26. Les commandants de navires partant pour les colonies, ou des colonies pour la France, seront tenus de se charger des lettres et paquets qui leur seront remis par le directeur des postes du port de leur départ, et de les remettre, aussitôt leur arrivée, au bureau des postes du lieu de leur débarquement.

Il leur sera payé *en France* 2 sols par chaque lettre *ou paquet qu'ils recevront des préposés de l'Administration,* ou remettront au bureau de la poste [1].

ART. 27. *Les lettres de France destinées pour les États-Unis de l'Amérique septentrionale seront affranchies depuis le bureau de leur départ jusqu'au port de Lorient.*

Le port sera conforme au tarif; il sera, en outre, augmenté d'une livre par chaque lettre ou paquet pesant moins d'une once, d'une livre 10 sous pour ceux pesant une once et moins de 2, et ainsi de suite en augmentant de 10 sous par once.

---

[1] Décime de voie de mer. — Voir loi des 3-7 mai 1853 et décret du 2 juillet 1856.

Art. 28. *Les lettres et paquets envoyés des États-Unis à Lorient payeront le même port d'une livre pour la lettre ou paquet pesant moins d'une once; d'une livre 10 sous pour la lettre ou paquet pesant une once et moins de 2, et ainsi de suite en augmentant de 10 sous par once.*

Ils payeront, en outre, le port fixé par le tarif de Lorient à leur destination.

Art. 29. *La lettre simple envoyée de l'île de Corse en France, ou de France en Corse, payera 4 sous en sus de la taxe, suivant le tarif, à raison des distances d'Antibes au lieu de destination, ou du lieu de départ à Antibes.*

Art. 30. *Il ne sera rien changé, quant à présent, à la taxe des lettres et paquets arrivant des pays étrangers, ou destinés pour eux, telle qu'elle est fixée par des traités ou conventions existant avec les différents offices des postes étrangères, non plus qu'à l'obligation de l'affranchissement jusqu'aux frontières pour certains pays, résultant des conditions desdits traités.*

Art. 31. Le pouvoir exécutif est autorisé à entamer des négociations avec les offices étrangers pour l'entretien ou le renouvellement des différents traités qui existent avec eux, pour, sur le compte qui en sera rendu au Corps législatif, être par lui définitivement statué ce qu'il appartiendra [1].

Tarif des lettres simples relativement à la distance.

Art. 32. *Dans l'intérieur du même département, 4 sous; hors du département, et jusqu'à 20 lieues exclusivement, 5 sous; de 20 à 30, 6 sous; de 30 à 40, 7 sous; de 40 à 50, 8 sous; de 50 à 60, 9 sous; de 60 à 80, 10 sous; de 80 à 100, 11 sous; de 100 à 120, 12 sous; de 120 à 150, 13 sous; de 150 à 180, 14 sous; de 180 et au delà, 15 sous.*

Art. 33. L'Administration des Postes est autorisée à former des établissements de petites postes dans tous les lieux où elle le jugera nécessaire.

Les lettres portées par ces petites postes seront taxées, savoir :

La lettre simple, pour l'intérieur de la ville, 2 sous; la lettre sera

---

[1] Dispositions modifiées par les lois des 5 nivôse an v, 27 frimaire an viii et 14 floréal an x, remises en vigueur par l'article 10 du sénatus-consulte des 8-10 septembre 1869.

réputée simple jusqu'au poids d'une once; et, lorsqu'elle pèsera une once et moins de 2, elle sera taxée 4 sous; du poids de 2 onces et moins de 3, 6 sous, et ainsi de suite en augmentant de 2 sous pour chaque once.

Pour le service de l'arrondissement, la taxe sera, savoir :

La lettre simple, 3 sous; au poids d'une once, 5 sous; 2 onces, 7 sous, et ainsi de suite en augmentant de 2 sous pour chaque once.

DÉCRET DES 6-12 SEPTEMBRE 1791.

Courriers de la poste aux lettres.

Art. 6. Il sera établi, en outre, des courriers de poste aux lettres en voiture, à cheval, ou des piétons, pour assurer une correspondance directe entre le chef-lieu de chaque département et ceux des départements contigus; il en sera de même établi pour la correspondance entre le chef-lieu de chaque département et les villes où siégent les administrations de districts ou les tribunaux, et les autres lieux qui en seront susceptibles.

Art. 7. Le transport des malles, *autre que sur les quarante et une routes ci-dessus désignées*, sera fait par entreprise.

Art. 8. L'Administration des Postes, sous l'autorisation du Ministre des contributions publiques, établira le nombre de bureaux et celui des préposés utiles au service, et fera tous les traités et adjudications nécessaires pour le transport des dépêches.

Il sera remis à chaque directoire de département un double des traités et adjudications passés pour son arrondissement. Il n'y aura de clause obligatoire pour le Trésor public que celles comprises auxdits traités.

Art. 9. Il est défendu aux corps administratifs et tribunaux de rien ordonner concernant l'organisation, le travail et la marche du service des postes aux lettres; ils adresseront leurs demandes et leurs plaintes sur ces objets au pouvoir exécutif.

(Voir aux annexes les modèles des cahiers des charges et l'arrêté du conseil relatif aux bureaux ambulants, pages 123 et suivantes.)

DÉCRET DES 23-27 JUIN 1792.

Taxe des lettres destinées pour l'armée.

L'Assemblée nationale décrète que les lettres adressées aux armées seront taxées conformément au tarif de 1791, jusqu'au dernier bureau de poste de la frontière, sans que la taxe puisse être augmentée pour le transport de la frontière aux armées, lorsqu'elles seront sur le territoire étranger.

(Disposition abrogée par la loi du 30 mai 1871.)

DÉCRET DES 3–20 SEPTEMBRE 1792.

Franchises et contre-seings.

ART. 3. Le contre-seing se fera par une griffe portant dénomination du genre de service pour lequel il se fait. *Nul fonctionnaire public ne pourra contre-signer de son nom à la main* [1].

ART. 4. Les griffes à l'usage des contre-seings seront fournies par le directoire des postes aux administrations et fonctionnaires publics qui en auront le droit. Il n'y en aura qu'une pour chaque administration et fonctionnaire, et l'usage ne pourra en être confié qu'à une seule personne, qui sera responsable de l'emploi qu'elle en aura fait. *Les lettres et paquets ainsi contre-signés seront remis aux bureaux des postes par des hommes de confiance, qui auront été présentés aux chefs du bureau du départ de l'hôtel des postes.*

ART. 5. Les lettres et paquets qui seront dans le cas d'être chargés ne pourront être reçus et expédiés en franchise que sur un certificat signé par les fonctionnaires publics ou collectivement par les membres des administrations. Ce certificat sera remis, avec les lettres et paquets, aux chefs du bureau du départ, et dans les départements aux directeurs des postes.

(Voir ci-après l'ordonnance du 17 novembre 1844.)

---

[1] L'ordonnance de 1844 prescrit, au contraire, d'apposer la signature à la main.

2.

DÉCRET DES 7-8 AVRIL 1793.

Franchise des ports de lettres.

La convention nationale décrète que nul commis employé dans les bureaux de l'administration ou des directeurs des postes, ne pourra, sous quelque prétexte que ce soit, jouir d'aucune franchise de lettres et paquets [1].

DÉCRET DES 23-24 ET 30 JUILLET 1793.

Organisation des postes et messageries en régie nationale.

TITRE 1er. — DISPOSITIONS GÉNÉRALES.

ART. 1er. Il sera établi, dans tous les lieux où la plus grande utilité l'exigera, des bureaux pour le dépôt et la distribution des dépêches, *l'enregistrement des voyageurs, le chargement et la remise des sommes et valeurs, des paquets, ballots et marchandises; mais les nouveaux établissements ni les changements ne pourront se faire définitivement qu'en vertu d'un décret du Corps législatif, sur la demande de l'Administration, à laquelle sera joint l'avis des départements et des districts.*

ART. 2. *Il sera incessamment procédé à la formation d'une nouvelle administration des postes et messageries; cette administration, attendu la réunion, sera composée de neuf administrateurs élus par la Convention nationale, sur la présentation du Conseil exécutif; ils ne pourront être révoqués que par le Corps législatif, sur l'avis du Conseil exécutif.*

ART. 3. *Les administrateurs seront spécialement chargés, sous leur responsabilité, de la surveillance et de l'administration de tous les objets concernant la Régie.*

Ils auront le choix de tous leurs agents, à l'exception des directeurs de la poste aux lettres, qui seront nommés par le peuple.

Les administrateurs et les directeurs des postes seront renouvelés tous les trois ans; ils pourront cependant être réélus.

---

[1] Le décret des 3-20 septembre 1792 accordait aux employés et préposés des postes la franchise des lettres simples.

ART. 4. *L'Administration établira provisoirement le nombre d'employés nécessaire, et présentera, dans un mois, le tableau de ceux qu'elle aura institués ou conservés et des appointements attribués à chacun dans la proportion de son travail et de sa responsabilité.*

ART. 5. Les directeurs des postes remettront, les 1er et 15 de chaque mois, le produit net de leur recette au receveur du district ; ils en tireront un récépissé qui sera reçu par l'Administration pour pièce comptable. *Les administrateurs des postes donneront chaque quinzaine un bordereau général des recettes et des dépenses de leur administration ; et ils le feront passer au conseil exécutif et aux commissaires de la trésorerie nationale.*

TITRE II. — SERVICE ET RÉGIME INTÉRIEUR
DE LA POSTE AUX LETTRES.

ART. 6. *Il sera établi un nombre suffisant de voitures pour le transport des lettres et dépêches, afin de les faire parvenir avec célérité dans tous les points de la République et à toutes les communications avec l'étranger. Ce service ne pourra être fait par aucune voiture de messagerie.*

ART. 7. *Les voitures seront de différentes formes et dimensions ; celles des principales routes seront à quatre roues et construites de manière à transporter à la fois les dépêches, le courrier et quatre voyageurs ; elles seront nommées grandes malles-postes.*

ART. 8. *Les autres voitures, qui seront appelées petites malles postes, établies sur les communications moins importantes, seront à deux roues et disposées de manière à contenir, indépendamment des dépêches et du courrier, un, deux ou trois voyageurs, suivant que l'expérience en fera connaître la nécessité. En attendant l'établissement du nouveau service, l'Administration donnera, dans les brouettes actuellement existantes, des places aux voyageurs au prix du tarif des malles-postes.*

ART. 9. *Ces voitures rouleront seulement sur les grandes routes pourvues de relais ;* partout ailleurs où il sera nécessaire de faire transporter des dépêches, le service sera rempli de la manière que l'Administration jugera la plus expéditive, la plus sûre et la plus économique.

ART. 10. *Les malles-postes, grandes et petites, feront au moins deux lieues par heure ; leur marche ne sera interrompue, ni jour ni nuit, que le temps nécessaire pour l'exécution du service.*

Art. 11. *Les voyageurs par les malles-postes ne pourront charger avec eux qu'un paquet de nuit dont le poids est rigoureusement fixé à 10 livres.*

Art. 12. *Conformément aux dispositions du décret du 17 août 1791, le prix du transport des lettres et paquets sera payé suivant le tarif annexé au présent décret.*

(Les articles 13 à 35 reproduisent, à de légères différences près, les articles 2 à 18, 20 et 24 à 30 du décret des 17-22 août 1791.)

Art. 36. Le conseil exécutif est autorisé à entamer des négociations avec les offices des Postes étrangères, pour l'entretien ou le renouvellement des différents traités qui existent avec eux. Sur le compte qui en sera rendu au Corps législatif, il sera par lui définitivement statué ce qu'il appartiendra [1].

Art. 37. Toutes sommes et valeurs en assignats, en or et en argent monnayés ou non, seront désormais chargées à vue; la régie sera responsable de la totalité de la somme ou valeur chargée, et non de celles qui ne l'auront pas été.

Art. 38. A l'égard des paquets chargés, s'ils ne sont pas remis à leurs adresses *dans le mois de la réclamation*, la régie, sauf son recours, s'il y a lieu, contre les agents trouvés en faute, sera tenue de payer une somme *de 50 livres* à la partie récla-

---

[1] DISPOSITIONS GÉNÉRALES COMMUNES À TOUTES LES CONVENTIONS CONCLUES AVEC LES OFFICES ÉTRANGERS.

Les deux offices français et . . . . . n'admettront à destination d'aucun des deux offices aucune lettre, même chargée, qui contiendrait soit de l'or ou de l'argent monnayé, soit des bijoux et autres effets précieux ou tout objet passible des droits de douane.

Dans le cas où quelque chargement viendrait à être perdu, celui des deux offices sur le territoire duquel la perte aurait eu lieu payera à l'autre office, à titre de dédommagement, soit pour le destinataire, soit pour l'envoyeur, suivant le cas, une indemnité de 50 francs, dans le délai de deux mois à dater du jour de la réclamation.

Les réclamations ne seront admises que dans les six mois qui suivront la date du dépôt ou de l'envoi du chargement; passé ce terme, les deux offices ne seront tenus l'un envers l'autre à aucune indemnité.

Pour s'assurer réciproquement tous les produits des correspondances de l'un pour l'autre pays, les Gouvernements français et . . . . . s'engagent à empêcher, par tous les moyens qui sont en leur pouvoir, que ces correspondances ne passent par d'autres voies que par leurs postes respectives.

(Voir la note sous l'article 31 du décret des 17-22 août 1791.)

mante; *cette indemnité sera réduite de moitié, si le paquet se retrouve ensuite.*

Art. 39. *La régie fera le transport des fonds publics et n'en pourra donner la commission qu'à ses agents.*

Art. 40. *Lorsque les sommes ou valeurs chargées seront d'un volume ou d'un poids trop considérable, et lorsque les chargements s'élèveront à des sommes capables de rendre la responsabilité de la régie nationale inquiétante, il est remis à la prudence des administrateurs de diviser ces sommes ou valeurs entre plusieurs malles-postes; ils en pourront même charger les diligences et les fourgons; mais ils en donneront avis sans frais, par le même courrier, aux personnes à qui les sommes ou valeurs, sont adressées avec indication du jour précis auquel elles arriveront.*

Art. 41. *Les transports des voyageurs qui entreront dans les malles-postes, et des sommes ou valeurs chargées à la poste, seront payés au prix du tarif annexé au présent décret.*

Art. 42. Le renvoi des rebuts se fera suivant l'usage dans les rebuts : les lettres simples et non chargées seront ouvertes *seize mois* après celui où elles auront été mises dans les bureaux de poste, et brûlées un an après (1).

Art. 43. Les lettres doubles et paquets chargés ou non chargés, ainsi que ceux à poste restante, seront ouverts *deux ans* après leur mise à la poste, et brûlés *six ans* après leur ouverture. Les objets trouvés dans ces lettres seront brûlés comme les lettres mêmes et aux mêmes délais, à l'exception néanmoins des effets précieux, assignats et autres effets nationaux, lesquels seront déposés à la trésorerie nationale (1).

Art. 44. *Il ne sera rien innové, quant à présent, à l'organisation des petites postes des villes où elles sont établies.*

Art. 45. *Il sera sursis jusqu'après la guerre à la construction des nouvelles voitures; l'Administration pourra cependant faire des essais sur les routes qui lui paraîtront propres pour ces épreuves.*

TITRE III. — Service et ordre extérieur des messageries.

TITRE IV. — Service de la poste aux chevaux.

---

(1) Première réglementation des délais de conservation des rebuts.

LOI DU 24 VENDÉMIAIRE AN III.

TITRE Ier. — INCOMPATIBILITÉ DES FONCTIONS ADMINISTRATIVES ET JUDICIAIRES.

ART. 1er. Les membres du tribunal de cassation, les juges des tribunaux criminels de département, les accusateurs publics de ces tribunaux et leurs substituts, les juges des tribunaux de district, les commissaires nationaux auprès de ces tribunaux, les juges des tribunaux de commerce, les juges de paix et leurs assesseurs, les membres des bureaux de paix et de conciliation, les greffiers de ces divers établissements et tribunaux ne pourront être membres des directoires de département et de district, officiers municipaux, présidents, agents nationaux, ou greffiers de ces diverses administrations.

ART. 2. Ils ne pourront non plus être notaires publics, membres des administrations forestières, receveurs de district ou de l'enregistrement, employés dans le service des douanes, postes et messageries, ni remplir des fonctions publiques sujettes à comptabilité pécuniaire.

TITRE II. — INCOMPATIBILITÉ DES DIVERSES FONCTIONS ADMINISTRATIVES ENTRE ELLES.

ART. 1er. Aucun citoyen ne pourra exercer ni concourir à l'exercice d'une autorité chargée de la surveillance médiate ou immédiate des fonctions qu'il exerce dans une autre qualité.

ART. 2. En conséquence, les membres des administrations de département et de district, ceux des municipalités, les agents nationaux et les greffiers de l'une et l'autre de ces administrations ne pourront cumuler des fonctions diverses dans l'une ou l'autre de ces administrations.

ART. 3. Ils ne pourront non plus être receveurs de district ou des droits d'enregistrement, membres des administrations forestières, employés dans le service des douanes, postes et messageries, ni remplir d'autres fonctions publiques sujettes à comptabilité pécuniaire [1].

---

[1] La loi du 25 ventôse an XI déclare les fonctions de notaire incompatibles avec celles de préposé à la recette des contributions publiques.

LOI DU 4 THERMIDOR AN IV.

Prix du port des ouvrages périodiques et des livres brochés.

Art. 2. Il sera payé, à compter de ce jour, d'avance *et en numéraire métallique, pour chaque feuille d'ouvrage périodique ou journal 4 centimes, pour chaque demi-feuille 2 centimes; et pour les livres brochés, catalogues ou prospectus réunis sous bandes 5 centimes par chaque feuille, la moitié de cette somme pour chaque demi-feuille, et le quart pour chaque quart de feuille.*

LOI DU 5 NIVÔSE AN V.

Nouveau tarif pour la poste aux lettres.

Art. 8. *Par suite de l'extension du territoire de la République et de l'interruption d'une grande partie des traités avec les offices des postes étrangères, il sera fait de nouveaux arrangements : le Directoire exécutif est autorisé à en passer de nouveaux sur des bases également et réciproquement avantageuses, et de manière que la taxe des lettres de et pour l'étranger soit celle des lettres de l'intérieur, en y ajoutant le prix du remboursement dont l'office des postes de France pourra être chargé envers l'office étranger. A l'époque des nouveaux arrangements, la taxe des lettres de et pour les pays étrangers qui en seront l'objet cessera d'avoir lieu suivant le tarif de 1759, et sera perçue suivant les dispositions du présent article* [1].

Art. 14. Le port sera *double* et payé d'avance pour les lettres et paquets chargés : en cas de perte, il ne sera accordé d'autre indemnité que celle de *50 livres* par chaque lettre.

Cette indemnité sera due de préférence à celui auquel la lettre aura été adressée; et, à défaut de réclamation de sa part dans le mois, elle sera payée à la personne qui justifiera en avoir fait le chargement.

Les lettres affranchies et non chargées pour lesquelles il n'est point délivré de bulletin, ni payé *double port*, et leur délivrance

---

[1] Article de loi visé dans les décrets rendus pour l'exécution des conventions de poste avec l'étranger antérieurement au sénatus-consulte des 8-10 septembre 1869.

ayant lieu sans en exiger de reçu, ne sont susceptibles d'aucune indemnité en cas de perte [1].

ART. 16. Nul ne pourra insérer dans les lettres chargées ou autres, ni *papier-monnaie*, ni matières d'or ou d'argent, ni bijoux; *en cas de perte, les contrevenants ne pourront réclamer d'autre indemnité que celle portée en l'article 14* [1].

LOI DU 27 FRIMAIRE AN VIII.

Nouveau tarif pour la poste aux lettres.

ART. 1er. *La taxe des lettres sera fixée en raison des distances à parcourir par la voie la plus courte, d'après les services des postes aux lettres actuellement existants; cette taxe sera perçue conformément au tarif ci-après.* (*Suit le tarif.*)

ART. 5. À dater du 1er germinal prochain, les lettres seront taxées en francs et décimes et il ne sera fait usage, dans tous les bureaux de poste, pour la taxe des lettres, que des poids républicains.

ART. 8. La taxe des lettres de et pour la même commune est réglée ainsi qu'il suit :

La lettre simple au-dessous du poids de 15 grammes sera d'*un décime.*

La lettre ou paquet du poids de 15 grammes et au-dessous du poids de 30 grammes payera *deux décimes;* celle du poids de 30 à 60 grammes, *trois décimes*: et ainsi de suite par chaque poids de 30 grammes, *un décime en sus* [2].

ART. 11. *L'autorité exécutive pourra entrer en négociation avec les offices étrangers pour le changement ou le renouvellement des différents traités qui existent avec eux relativement aux lettres* [3].

ARRÊTÉ DES CONSULS DU 27 PRAIRIAL AN IX.

Transport frauduleux de correspondances.

ART. 1er. Les lois des 26 août 1790 (article 4) et 21 septembre

---

[1] Modifié. Lois du 4 juin 1859 et du 25 janvier 1873.

[2] La progression de poids déterminée par cet article s'applique toujours aux lettres de Paris pour Paris.

[3] Article de loi visé dans les décrets rendus pour l'exécution des conventions de poste avec l'étranger antérieurement au sénatus-consulte des 8-10 septembre 1869.

1792, l'arrêté du 26 ventôse an vii [1], seront exécutés : en conséquence, il est défendu à tous les entrepreneurs de voitures libres,
et à toute autre personne étrangère au service des postes, de
s'immiscer dans le transport des lettres, journaux, feuilles à la
main et ouvrages périodiques, paquets et papiers, du poids de
1 kilogramme (ou 2 livres) et au-dessous, dont le port est exclusivement confié à l'Administration des Postes aux lettres.

ART. 2. Les sacs de procédures, les papiers uniquement relatifs au service personnel des entrepreneurs de voitures, et les
paquets au-dessus du poids de 2 livres, sont seuls exceptés de
la prohibition prononcée par l'article précédent [2].

ART. 3. Pour l'exécution du présent arrêté, les directeurs,
contrôleurs et inspecteurs des postes, les employés des douanes
aux frontières et la gendarmerie nationale sont autorisés à faire
ou faire faire toutes perquisitions et saisies sur les messagers,
piétons chargés de porter les dépêches, voitures de messageries,
et autres de même espèce, afin de constater les contraventions ;
à l'effet de quoi ils pourront, s'ils le jugent nécessaire, se faire
assister de la force armée.

ART. 4. Le commissaire du Gouvernement près l'Administration des Postes, les préfets, sous-préfets et maires des communes,
et les commissaires de police, sont chargés de surveiller l'exécution du présent arrêté.

ART. 5. Les procès-verbaux seront dressés à l'instant de la
saisie; il contiendront l'énumération des lettres et paquets saisis,
ainsi que leurs adresses. *Copies en seront remises avec lesdites
lettres et paquets saisis en fraude, savoir: à Paris, à l'Administration des Postes, et, dans les départements, au bureau du directeur
des postes le plus voisin de la saisie.* Lesdits procès-verbaux seront
de suite adressés au commissaire du Gouvernement près le tribunal civil et correctionnel de l'arrondissement, par les préposés
des postes, **pour poursuivre contre les contrevenants la condam-**

---

[1] La loi du 21 septembre 1792 est relative à l'exécution provisoire des
lois non abrogées; l'arrêté du 26 ventôse an vii ordonne l'insertion au Bulletin des lois des arrêts du Conseil d'état des 18 juin et 29 novembre 1681
cités dans l'introduction.

[2] La jurisprudence de la cour de cassation admet une quatrième exception au privilège de la poste en faveur des lettres expédiées par exprès entre
particuliers. (Voir notamment les arrêts des 17 juin 1830, 3 décembre 1843.
24 septembre 1847 et 20 juillet 1848.)

nation de l'amende de 150 francs au moins et de 300 francs au plus, par chaque contravention.

Art. 6. Le payement de ladite amende, *dont il ne pourra, dans aucun cas, et sous quelque prétexte que ce soit, être accordé de remise ou de modération*, sera poursuivi à la requête des commissaires près les tribunaux, et à la diligence des directeurs des postes, contre les contrevenants, par saisie et exécution de leurs établissements, voitures et meubles, à défaut de payement dans la décade du jugement qui sera intervenu.

Art. 7. Le payement sera effectué *à Paris, à la caisse générale de l'Administration des Postes, et dans les départements*, entre les mains du directeur des postes qui aura reçu les objets saisis : il portera en recette le produit desdites amendes *sur lesquelles il jouira de sa remise ordinaire.*

Art. 8. Le produit des amendes appartiendra, un tiers à l'Administration, un tiers aux hospices des lieux et un tiers à celui ou à ceux qui auront découvert et dénoncé la fraude et à ceux qui auront coopéré à la saisie; celui-ci sera réparti entre eux par égale portion : ils en seront payés par le directeur des postes chargé du recouvrement de l'amende, *et, à Paris, par le caissier général de l'Administration des Postes*, d'après un exécutoire qui sera délivré à leur profit par le commissaire du Gouvernement près le tribunal; lesdits exécutoires seront envoyés par le directeur à l'appui de son compte.

Art. 9. Les maîtres de poste, les entrepreneurs de voitures libres et messageries sont personnellement responsables des contraventions de leurs postillons, conducteurs, porteurs et courriers, sauf leur recours [1].

ARRÊTÉ DES CONSULS DU 19 FRIMAIRE AN X.
De l'imprimerie du Gouvernement et de l'envoi des lois.

Art. 16. L'abonnement (au Bulletin des lois) *commun aux citoyens* sera payé entre les mains des directeurs des bureaux de postes *des communes d'une population au moins de cinq mille habitants.* On pourra aussi se procurer, par la même voie, les

---

[1] Voir ci-après : arrêté du 19 germinal an x, décret du 2 messidor an xII, ordonnance du 19 février 1843, décret du 24 août 1848, loi du 22 juin 1854, loi du 25 juin 1856, décret du 16 octobre 1870, loi du 25 janvier 1873.

numéros détachés du bulletin au prix de *trois* décimes par feuille de seize pages [1].

ART. 17. Les directeurs des bureaux de poste en donneront récépissé aux parties, *et adresseront au ministre de la justice un bon à vue sur la caisse générale des postes, au nom du directeur de l'imprimerie, du montant des fonds provenant soit de cet abonnement, soit des numéros détachés.* Ils compteront de ces recettes à l'Administration des Postes, comme de leurs autres recettes; *et celle-ci acquittera les bons à vue au directeur de l'imprimerie lorsqu'il les lui présentera avec un bordereau approuvé du ministre de la justice* [2].

ARRÊTÉ DES CONSULS DU 9 PLUVIÔSE AN X.

Poursuites judiciaires contre les agents de l'Administration de la Poste aux lettres.

L'Administration générale de la Poste aux lettres est autorisée à traduire devant les tribunaux, sans recourir à la décision du Conseil d'État, les agents qui lui sont subordonnés.

(Disposition sans objet aujourd'hui par suite de l'abrogation de l'article 75 de la constitution de l'an VIII.)

ARRÊTÉ DES CONSULS DU 19 GERMINAL AN X.

Transport des correspondances maritimes et coloniales.

ART. 1er. Les lois des 22 août 1791, 23 et 24 juillet 1793, 5 nivôse an V et 27 frimaire an VIII, en ce qui concerne les correspondances maritimes et coloniales, seront exécutées. En conséquence, il est expressément défendu à toutes personnes de tenir, même dans les villes et endroits maritimes, soit bureau, soit entrepôt, pour l'envoi, réception et distribution des lettres

---

[1] On reçoit aujourd'hui dans tous les bureaux de recette les sommes versées par les fonctionnaires ou les particuliers, soit pour prix d'abonnement au Moniteur des communes, au Bulletin des lois, au Bulletin des arrêts de la Cour de cassation, soit pour prix de numéros détachés, soit enfin pour prix de volumes, tables ou collections de ces recueils.

[2] Voir, pour les formalités, l'article 969 de l'Instruction générale.

et paquets de et pour les colonies soit françaises, soit étrangères, du poids de 1 kilogramme (ou 2 livres) et au-dessous, à peine de l'amende prononcée par l'article 5 de l'arrêté du 27 prairial an IX.

ART. 2. Les directeurs ou préposés des bureaux de poste des villes ou autres endroits maritimes sont exclusivement chargés du service des lettres et paquets de et pour les colonies ou États d'outre-mer, du poids de 1 kilogramme et au-dessous.

ART. 3. Tout capitaine de navire en chargement, dans un des ports de la République, fera connaître au préposé des postes du lieu, *un mois d'avance au moins* [1], le jour présumé du départ de son bâtiment, *lorsque la destination sera autre que celle du Royaume-Uni de la Grande-Bretagne, dont le service de correspondances est fait régulièrement de Calais à Douvres.*

ART. 4. Il est expressément défendu à tout capitaine de navire d'appareiller d'aucun port de la République, pour quelque colonie soit française, soit étrangère, ou autre état d'outre-mer que ce soit, avant d'être muni d'un certificat du directeur ou préposé des postes de l'endroit, qui constate la remise de la malle des dépêches adressées au lieu de destination de son bâtiment, et la quantité des lettres et paquets y contenus, ou constatant qu'on n'en a pas à lui remettre.

ART. 5. A son arrivée dans le port de sa destination, tout capitaine de navire remettra son certificat et les dépêches au préposé du bureau des postes établi dans le lieu de son débarquement, ou, à défaut, au préfet maritime ou commandant du port, ou à tout autre agent, soit civil, soit maritime, soit militaire de la colonie; et il en tirera un reçu, qu'à son retour dans un des ports de la République, il remettra au directeur des Postes du lieu de son débarquement, qui lui en délivrera une reconnaissance.

ART. 6. Tout capitaine de navire en chargement dans quelque port des colonies ou autres États d'outre-mer notifiera pareillement, au moins un mois en avance, au directeur ou préposé des postes, et, à son défaut, aux principaux agents, soit maritimes, soit militaires, soit commerciaux du lieu, l'époque de son départ et le port de sa destination en France. Il ne pourra appa-

---

[1] Quarante-huit heures au moins avant son appareillage.

reiller sans s'être chargé des dépêches pour la République et s'être muni d'un certificat qui constate la quantité des lettres et paquets qui lui auront été remis par le préposé des postes ou par les agents précités de l'endroit, ou un certificat qu'on n'en a pas à lui remettre. Arrivé à sa destination, il fera viser le certificat par le principal agent maritime du port et le remettra ensuite au directeur des postes du lieu, qui en délivrera un reçu.

Art. 7. Tout capitaine ou marin de l'équipage d'un navire arrivant dans des ports de la République sera tenu, sous peine de l'amende prononcée par l'article 1er, de porter ou envoyer sur-le-champ au bureau des postes du lieu toutes les lettres ou paquets qui lui auront été confiés, autres que ceux de la cargaison des bâtiments. Le directeur ou préposé du bureau sera tenu de lui payer un décime par lettre *ou paquet*, conformément à l'article 26 de la loi du 22 août 1791 [1].

Art. 8. Les employés des douanes, lorsqu'ils feront la visite d'un navire, s'assureront si le capitaine et les gens de l'équipage ne seraient point porteurs de lettres ou paquets qu'ils prétendraient soustraire à la poste; et, dans le cas de contravention à l'article précédent, ils en dresseront procès-verbal; et, après s'être assurés du lieu du départ des lettres, ils s'en saisiront pour les remettre de suite au bureau des postes du lieu, qui les fera passer au commissaire du Gouvernement près les Postes.

Art. 9. Dans le cas où un navire, étant obligé de faire quarantaine dans quelque rade d'un des ports de la République, le capitaine livrerait d'avance les lettres et paquets, dont lui et les marins de son équipage auraient été chargés, à l'administration de la santé publique du port, cette administration, après avoir fait son opération sanitaire, remettra les lettres et paquets au préposé des postes, qui, seul, est chargé de les distribuer ou faire distribuer, ou de leur donner cours par le plus prochain courrier ordinaire, pour leur destination ultérieure.

Art. 10. Toute contravention aux articles 1er et 7 du présent arrêté sera constatée de la manière prescrite par l'article 3 de celui du 27 prairial an IX; toutes saisies, poursuites et exécutions de saisies et de jugements intervenus se feront comme le pres-

---

[1] Modifié. — Décret du 12 juillet 1856.

crivent les articles 5 et 6. Les payements des amendes auront lieu suivant le mode prescrit par l'article 7, et le partage en sera fait selon les dispositions de l'article 8 de ce même arrêté.

ART. 11. *Les lettres et paquets affranchis*[1] *, de et pour les colonies tant françaises qu'étrangères, ou États d'outre-mer, seront* renfermés dans des boîtes ficelées et scellées du cachet du bureau des Postes qui les expédiera. Il en sera fait mention expresse, tant sur les certificats délivrés aux capitaines à leur départ, que sur les reçus qui leur seront donnés à leur retour.

ART. 12. *Les lettres et paquets destinés pour les colonies et pays d'outre-mer seront affranchis du point de départ à Paris, et l'Administration sera tenue de profiter, pour leur expédition, des premiers bâtiments qui devront partir de quelque port que ce soit.*

Sont exceptées de l'affranchissement du tarif, les lettres mises aux trente bureaux des villes maritimes, d'où quelques navires seraient sur le point de faire voile pour quelques colonies.

Dans ce cas, les lettres et paquets pour la destination de ces bâtiments ne payeront que 2 décimes et seront réservés par les directeurs des postes des lieux pour être joints à la masse des dépêches [2].

ART. 13. *L'affranchissement sera fait d'après le tarif joint au présent* [2].

LOI DU 14 FLORÉAL AN X.

Contributions indirectes de l'an XI.

ART. 4. *A mesure qu'il sera conclu de nouvelles conventions avec les offices étrangers, la taxe des lettres de et pour l'étranger sera perçue, savoir : sur les lettres partant de l'intérieur de la République, selon les progressions de la présente loi et celles non abrogées de la loi du 27 frimaire an VIII; et sur les lettres arrivant de l'étranger, selon les précédentes lois et proportionnellement aux prix perçus chez l'étranger sur les lettres de la République.*

Le Gouvernement pourra déterminer plus particulièrement dans la forme établie pour les règlements d'administration publique les

---

[1] Les objets de correspondance de toute nature.

[2] Abrogé. — Voir le tarif n° 1185.

*taxes de départ et celles d'arrivée, selon les circonstances et la na-
ture des conventions.*

(Article de loi visé dans les décrets rendus pour l'exécution des conventions de poste avec l'étranger, antérieurement au sénatus-consulte des 8-
10 septembre 1869.

LOI DU 28 VENTÔSE AN XII.

Organisation de la direction générale des Postes [1].

Art. 1er. Il y aura un directeur général de l'Administration
des Postes; il travaillera seul avec le Ministre; il lui proposera
les rapports sur les objets à soumettre à la décision du Gouvernement ou à la sienne, ainsi que les correspondances avec les
autorités constituées.

Art. 3. Le directeur général présidera aux délibérations des
administrateurs réunis en conseil d'administration; les délibérations et les ordres généraux de régie devront être approuvés
par lui.

Art. 4. Il nommera, sur le rapport des administrateurs, aux
divers emplois *autres que les directions d'un produit au-dessus de
trois mille francs, et les inspections.*

*Pour ces places, il proposera les candidats au Ministre des
finances, qui n'en approuvera la nomination qu'après avoir rendu
compte au Gouvernement* [2].

DÉCRET DU 2 MESSIDOR AN XII.

Lettres et paquets saisis en contravention aux règlements
sur le service des postes.

Art. 1er. Les lettres et paquets saisis en exécution de l'arrêté du 27 prairial an IX, portant défense à toute personne
étrangère au service des postes de s'immiscer dans le transport

---

[1] La poste aux lettres était, à cette époque, administrée en régie intéressée,
sous la surveillance d'un commissaire des Postes, en exécution de la loi du
25 frimaire an VIII.

[2] Le directeur général nomme maintenant à tous les emplois autres que
ceux de directeurs, contrôleurs, receveurs de bureaux composés, chefs de
section et chefs de brigade, réservés à la nomination du Ministre, et ceux de
receveurs des bureaux simples de 1,000 francs et au-dessous, de facteurs-
boîtiers et de facteurs de ville, locaux et ruraux, réservés à la nomination des
préfets.

3

des lettres, journaux, feuilles périodiques, etc., sont expédiés par le bureau le plus voisin du lieu de la saisie, en rebut, à Paris, d'où ils ne pourront être rendus que sur réclamation, et à la charge de payer le double de la taxe ordinaire.

Art. 2. Les dispositions de l'article 5 de l'arrêté du 27 prairial qui seraient contraires au présent décret sont rapportées.

LOI DE FINANCES DU 24 AVRIL 1806.

Modifications au tarif de la taxe des lettres.

Art. 21. *La taxe des lettres transportées dans l'intérieur de la ville et faubourgs de Paris est portée de 10 à 15 centimes.*

(Voir ci-après loi des 7-10 mai 1853.)

LOI DU 12 SEPTEMBRE 1807.

Code de commerce modifié par la loi du 28 mai 1838, sur les faillites et banqueroutes.

Art. 471. . . . .
Les lettres adressées au failli seront remises aux syndics, qui les ouvriront; il pourra, s'il est présent, assister à l'ouverture.

LOI DES 17-27 NOVEMBRE 1808.

Code d'instruction criminelle (texte révisé et rendu exécutoire par l'ordonnance du 28 avril 1832). [1]

Art. 8. La police judiciaire recherche les crimes, les délits et les contraventions, en rassemble les preuves et en livre les auteurs aux tribunaux chargés de les punir.

---

[1] Les articles du code d'instruction criminelle dont le texte est donné ci-dessus indiquent quels sont les fonctionnaires autorisés à pratiquer la saisie des objets de correspondance et dans quelle mesure ils peuvent exercer leurs pouvoirs. — Aux termes des instructions de l'Administration des postes (*Bull. mens. n° 66, Inst. n° 143*), les préfets et les magistrats ou officiers de police judiciaire qui ont à pratiquer des saisies dans les bureaux de poste, ne doivent pas pénétrer dans les salles affectées aux travaux de manipulation pour y rechercher eux-mêmes les objets à saisir; ils doivent s'adresser aux titulaires

Art. 10. Les préfets des départements et le préfet de police à Paris pourront faire personnellement, ou requérir les officiers de police judiciaire, chacun en ce qui le concerne, de faire tous actes nécessaires à l'effet de constater les crimes, délits et contraventions, et d'en livrer les auteurs aux tribunaux chargés de les punir, conformément à l'article 8 ci-dessus.

Art. 35. Le procureur du roi se saisira des armes et de tout ce qui paraîtra avoir servi ou avoir été destiné à commettre le crime ou délit, ainsi que de tout ce qui paraîtra en avoir été le produit, enfin de tout ce qui pourra servir à la manifestation de la vérité : il interpellera le prévenu de s'expliquer sur les choses saisies qui lui seront représentées ; il dressera du tout un procès-verbal, qui sera signé par le prévenu, ou mention sera faite de son refus.

Art. 36. Si la nature du crime ou du délit est telle que la preuve puisse vraisemblablement être acquise par les papiers ou autres pièces et effets en la possession du prévenu, le procureur du roi se transportera de suite dans le domicile du prévenu, pour y faire la perquisition des objets qu'il jugera utiles à la manifestation de la vérité.

Art. 49. Dans le cas de flagrant délit, ou dans le cas de réquisition de la part d'un chef de maison, ils (les juges de paix, les officiers de gendarmerie, les commissaires généraux de police) dresseront les procès-verbaux, recevront les déclarations des témoins, feront les visites et les autres actes qui sont, auxdits cas, de la compétence des procureurs du roi, le tout dans les formes et suivant les règles établies au chapitre des procureurs du roi.

Art. 50. Les maires, adjoints de maires et les commissaires

---

de ces bureaux, qui font les recherches nécessaires et leur livrent ces objets contre reçu. — Les publications d'origine française, les lettres de toute provenance et les autres objets de correspondance confiés au service ne peuvent être saisis que sur des réquisitoires réguliers émanés soit du préfet de police à Paris et des préfets dans les départements, soit des magistrats et des officiers de police judiciaire agissant dans les limites de leur ressort respectif. Il n'en est pas de même des journaux et des imprimés de toute nature originaires de l'étranger, dont la circulation en France peut être interdite par le gouvernement, en vertu de l'article 2 du décret organique sur la presse du 17 février 1852. Dans ce cas, l'ordre de saisie émané du Ministre de l'Intérieur est adressé à l'Administration centrale des postes qui prescrit à tous ses agents de verser au rebut les objets saisis, dont l'origine étrangère est toujours facile à constater, attendu qu'ils ne portent aucun nom d'éditeur ou d'imprimeur français.

de police recevront également les dénonciations et feront les actes énoncés en l'article précédent, en se conformant aux mêmes règles.

Art. 87. Le juge d'instruction se transportera, s'il en est requis, et pourra même se transporter d'office dans le domicile du prévenu, pour y faire la perquisition des papiers, effets et généralement de tous les objets qui seront jugés utiles à la manifestation de la vérité.

Art. 88. Le juge d'instruction pourra pareillement se transporter dans les autres lieux où il présumerait qu'on aurai caché les objets dont il est parlé dans l'article précédent.

Art. 89. Les dispositions des articles 35, 36, 37, 38 et 39, concernant la saisie des objets dont la perquisition peut être faite par le procureur du roi, dans les cas de flagrant délit, sont communes au juge d'instruction.

Art. 90. Si les papiers ou les effets dont il y aura lieu de faire la perquisition sont hors de l'arrondissement du juge d'instruction, il requerra le juge d'instruction du lieu où l'on peut les trouver de procéder aux opérations prescrites par les articles précédents.

LOI DES 16-26 FÉVRIER 1810.

Code pénal, modifié par la loi du 28 avril 1832.

Art. 175. Tout fonctionnaire, tout officier public, tout agent du Gouvernement, qui, soit ouvertement, soit par actes simulés, soit par interposition de personnes, aura pris ou reçu quelque intérêt que ce soit dans les actes, adjudications, entreprises ou régies dont il avait, au temps de l'acte, en tout ou en partie, l'administration ou la surveillance, sera puni d'un emprisonnement de six mois au moins et de deux ans au plus, et sera condamné à une amende qui ne pourra excéder le quart des restitutions et des indemnités, ni être au-dessous du douzième.

Il sera, de plus, déclaré à jamais incapable d'exercer aucune fonction publique.

La présente disposition est applicable à tout fonctionnaire ou agent du Gouvernement qui aura pris un intérêt quelconque dans une affaire dont il était chargé d'ordonnancer le payement ou de faire la liquidation.

Art. 187. Toute suppression, toute ouverture de lettres

confiées à la poste, commise ou facilitée par un fonctionnaire ou un agent du Gouvernement ou de l'Administration des Postes, sera punie d'une amende de 16 francs à 500 francs et d'un emprisonnement de trois mois à cinq ans. Le coupable sera, de plus, interdit de toute fonction ou emploi public pendant cinq ans au moins et dix ans au plus.

DÉCRET DU 18 JUIN 1811.

Règlement pour l'administration de la justice en matière criminelle, correctionnelle et de simple police, et tarif général des frais.

Art. 2. Sont compris sous la dénomination de frais de justice criminelle, sans distinction des frais d'instruction et de poursuite en matière de police correctionnelle et de simple police :.....

11° Le port des lettres et paquets pour l'instruction criminelle.

(Voir ci-après loi du 5 mai 1855.)

LOI DE FINANCES DU 28 AVRIL 1816.

Contributions indirectes.

Art. 45. Les courriers ne pourront être arrêtés à leur passage sous prétexte de la perception (des droits indirects); mais ils seront obligés d'acquitter les droits sur les objets qui y seront sujets. A cet effet, les employés pourront accompagner les malles et assister à leur déchargement.

Tout courrier, tout employé des Postes, qui serait convaincu d'avoir fait ou favorisé la fraude, outre les peines résultant de la contravention, serait destitué par l'autorité compétente.

RÈGLEMENT DU 24 FÉVRIER 1817.

Articles d'argent [1].

Art. 1er. Les espèces que les particuliers présentent à dé-

---

[1] Jusqu'à cette époque, les articles d'argent avaient été transmis en nature de bureau à bureau. Le règlement de 1817 substitue à la transmission en nature la transmission par mouvement de fonds entre comptables; l'innovation nous a paru assez importante pour motiver l'insertion dans ce recueil d'un règlement qui n'a pas à proprement parler le caractère d'un document législatif.

couvert, pour faire passer par la voie de la poste, sont appelées articles d'argent.

. . . .

ART. 2. Les monnaies de France, ayant cours dans le royaume, doivent seules composer les articles à découvert.

ART. 3. Les particuliers peuvent déposer telle somme qu'ils jugeront convenable [1] ; les espèces seront comptées, et les articles enregistrés en présence du déposant.

ART. 8. . . . .

On entend par valeur cotée les dépôts de bijoux, de monnaies étrangères et de toutes valeurs qui doivent être expédiées en nature, pour être remises aux destinataires dans le même état qu'elles ont été déposées.

ART. 9. Le droit ou port à percevoir sur les articles d'argent est fixé à 5 p. 0/0 [2]. Il ne peut être accordé aucune modération sur ce droit.

ART. 11. L'envoyeur ou le déposant a le choix de payer le port en sus de la somme déposée, ou de le laisser à la charge du destinataire. Dans ce dernier cas, le port sera déduit de la somme brute.

ART. 12. Le droit de 5 p. 0/0 se perçoit sur la somme nette à envoyer. Il fait partie des recettes ordinaires . . . . .

ART. 13. Les directeurs délivreront au déposant une reconnaissance pour être par lui envoyée au destinataire.

ART. 14. Les reconnaissances à délivrer pour dépôt d'articles, sont assujetties au droit de timbre *ordinaire* [3]. Ce droit est à charge du déposant. Il est de *35 centimes* par reconnaissance.

Ne sont pas soumises à ce droit les reconnaissances des articles au-dessous de 10 francs. . . . .

ART. 17. Les directeurs délivreront au déposant, outre la reconnaissance, un bulletin de dépôt qui, après avoir été rempli et numéroté du même numéro que la reconnaissance et la lettre d'avis, sera détaché de la partie *inférieure* de cette dernière. Ce bulletin servira au déposant en cas de réclamation.

ART. 21. Les reconnaissances seront imprimées à Paris.

---

[1] Minimum de 50 centimes.

[2] 1 p. 0/0. Loi du 20 décembre 1872.

[3] Timbre spécial de 25 centimes, pour tout mandat au-dessus de 10 fr. Lois du 13 brumaire an VII et du 23 août 1871.

Elles porteront une empreinte particulière et ne pourront, en aucun cas, être suppléées par des reconnaissances écrites à la main, même sur papier timbré.

ART. 25. Les directeurs apposeront le timbre de leur bureau sur les reconnaissances..... et sur les bulletins de dépôt, pour prévenir les erreurs auxquelles le défaut de ce timbre donnerait lieu.

ART. 29. Les reconnaissances seront valables pendant *trois mois* [1] à partir du dépôt de l'article. Après ce délai, toute reconnaissance qui n'aura pas été payée sera regardée comme annulée.....

ART. 30. Le destinataire qui voudra se faire payer le montant d'une reconnaissance ainsi périmée la remettra au directeur sur lequel elle est tirée, et ce dernier lui en délivrera récépissé.

ART. 31. La reconnaissance périmée sera adressée *sous chargement sur la feuille n° 1* à la division des articles à Paris, *qui en expédiera en retour un duplicata* [2].....

ART. 32. Les directeurs, sous aucun prétexte et sous leur responsabilité, ne délivreront de duplicata de reconnaissance.

ART. 33. Si une reconnaissance venait à s'égarer, il en sera expédié de suite *un duplicata* par la division des articles à Paris, *d'après la demande du directeur par qui elle devait être payée* [3]...

ART. 45. A compter du 1er avril 1817, les directeurs payeront sur les fonds de leurs recettes ordinaires du produit des postes, le montant des articles déposés à la date et postérieurement audit jour..... sur la présentation et la remise de la reconnaissance tirée sur eux.

Ils apposeront le timbre de leur bureau sur la reconnaissance payée,..... à côté de la signature du destinataire.

ART. 46. Les articles au-dessus de 300 francs ne pourront être payés sans autorisation préalable de l'Administration [4].....

---

[1] Aujourd'hui pendant deux mois, six mois ou un an, suivant l'origine ou la destination des mandats (Inst. gén., art. 879).

[2] Le duplicata est remplacé aujourd'hui par un visa pour date et la formalité du chargement par l'inscription au bulletin n° 13.

[3] L'Administration délivre maintenant, sur la réclamation des ayants droit, des autorisations de payement en remplacement des mandats égarés.

[4] L'autorisation de l'Administration n'est plus exigée que dans le cas où l'avis de versement n'est pas parvenu au bureau qui doit payer le mandat supérieur à 300 francs.

Art. 49. Si la reconnaissance portait des caractères d'altération, les directeurs en refuseraient le payement, en indiquant, au dos de la reconnaissance, les motifs de leur refus,. s'ils en sont requis.

Art. 69. Aucune loi n'ayant déclaré les articles d'argent insaisissables, les directeurs ne peuvent se refuser à recevoir les saisies-arrêts et oppositions faites entre leurs mains.

. . . .

ORDONNANCE DU 20 JANVIER 1819.

(Non insérée au Bulletin des lois.)

Lettres tombées en rebut.

Art. 1er. Les lettres et paquets à adresses blanches, incomplètes ou illisibles, ou qui sont adressés à des personnes inconnues, ainsi que les lettres et paquets adressés à des fonctionnaires publics qui les auraient refusés, à cause de la taxe, seront renvoyés à Paris, pour y être ouverts sur-le-champ, réexpédiés immédiatement après à la destination indiquée par les renseignements tirés de l'ouverture, ou renvoyés, s'il y a lieu, soit aux particuliers qui les auront écrits, soit aux fonctionnaires qu'ils concernent; à défaut de renseignements suffisants, ou si ces lettres ou paquets ne sont d'aucun intérêt, ils seront brûlés au bout de *six mois*, et après *cinq ans* seulement, à compter de leur ouverture, s'ils sont intéressants ou renferment des effets ou valeurs.

Art. 2. Les lettres simples ou doubles, chargées ou non chargées, et les paquets également chargés ou non chargés, tombés en rebut pour quelque cause que ce soit, de même que les lettres et paquets pour l'étranger qui n'auront pas été expédiés, faute d'affranchissement, seront ouverts *six mois après leur mise à la poste*. Les lettres simples ou doubles non chargées et les paquets également non chargés, qui seront jugés à la lecture non intéressants, seront brûlés sur-le-champ; tous les autres indistinctement seront conservés *quatre ans et demi* après leur ouverture, et brûlés à l'expiration de ce délai.

Art. 3. Les lettres à poste restante et celles venant de l'étranger, simples, doubles, ou paquets chargés ou non chargés, tombés en rebut, pour quelque cause que ce soit, seront ouverts *un an*

après leur mise à la poste, brûlés sur-le-champ, s'ils ne pré
sentent aucun intérêt, dans le cas contraire, conservés pendant
quatre ans après leur ouverture, et brûlés après l'expiration de
ce délai.

Art. 4. Les lettres venant des colonies, simples, doubles, ou
paquets chargés ou non chargés, ou à poste restante, seront ou·
verts *deux ans* après leur mise à la poste; les lettres simples ou
doubles et paquets chargés ou non chargés, ou à poste restante,
seront brûlés sur-le-champ, s'ils ne présentent aucun intérêt;
tous les autres indistinctement seront conservés *trois ans* après
leur ouverture, et brûlés à l'expiration de ce dernier délai.

Art. 5. Les procès-verbaux d'ouverture seront conservés
pendant dix ans après le brûlement des pièces [1].

ORDONNANCE DU 18 FÉVRIER 1827.

(Non insérée au Bulletin des lois.)

Création des directeurs comptables (aujourd'hui receveurs principaux)
des postes.

Art. 1er. A partir de l'année 1827, il y aura dans chaque
département, d'après la désignation qui en sera faite par notre
Ministre des finances, sur la proposition du directeur général
des Postes, un directeur chargé de rattacher à sa propre comptabilité celle des autres directeurs du même département.

Ce directeur aura le titre de directeur comptable; il sera
seul comptable et justiciable direct de notre Cour des comptes.

Toutefois, il ne sera responsable que des faits de sa gestion
personnelle et de la validité des pièces justificatives de dépenses
qu'il aura admises dans sa comptabilité, après les avoir reçues
des autres directeurs du même département.

Art. 2. Il n'est aucunement dérogé, par la présente ordonnance, à la responsabilité imposée aux directeurs des postes
par les lois, ordonnances, décrets ou règlements actuellement
en vigueur.

---

[1] Les délais d'ouverture et de conservation des correspondances tombées
en rebut ont été modifiés par des décisions ministérielles. L'article 5 est
encore en vigueur.

Consulter à ce sujet les articles 746 à 766 de l'Instruction générale.

LOI DES 15-17 MARS 1827.

Loi relative au tarif de la poste aux lettres [1].

ART. 1er. *A compter du 1er janvier 1828, la taxe des lettres sera réglée d'après la distance en ligne droite existant entre le lieu où la lettre a été confiée à la poste et le lieu où elle doit être remise. Cette taxe sera perçue conformément au tarif ci-après [2] :*

Pour les lettres simples, jusqu'à 40 kilomètres inclusivement . . . . 2 décimes.
Au-dessus de 40 kilomètres jusqu'à 80 3
Au-dessus de 80 kilomètres jusqu'à 150 4
Au-dessus de 150 kilomètres jusqu'à 220 5
Au-dessus de 220 kilomètres jusqu'à 300 6
Au-dessus de 300 kilomètres jusqu'à 400 7
Au-dessus de 400 kilomètres jusqu'à 500 8
Au-dessus de 500 kilomètres jusqu'à 600 9
Au-dessus de 600 kilomètres jusqu'à 750 10
Au-dessus de 750 kilomètres jusqu'à 900 11
Au-dessus de 900 12

ART. 2. *Les lettres au-dessous du poids de 7 grammes et demi seront considérées comme lettres simples.*

ART. 3. *Les lettres du poids de 7 grammes et demi jusqu'à 10 grammes exclusivement payeront la moitié en sus du port de la lettre simple;*

Les lettres de 10 à 15 grammes exclusivement payeront deux fois le port de la lettre simple;

Celles de 15 à 20 grammes exclusivement, deux fois et demie le port, et ainsi de suite, en ajoutant la moitié du port de la lettre simple de 5 en 5 grammes.

---

[1] La loi des 15-17 mars 1827, abrogée aujourd'hui dans toutes ses dispositions, présente l'état de la législation antérieurement à la réforme postale; c'est pour ce motif qu'il a paru intéressant de la reproduire dans le présent recueil.

[2] Aux termes de la loi précédente du 27 frimaire an VIII, la taxe des lettres était fixée en raison des distances à parcourir par la voie la plus courte. Le système des zones et du calcul des distances en ligne droite qui a prévalu en 1827 est analogue à celui du décret des 17-22 août 1791, d'après lequel les distances entre les départements étaient calculées de point central en point central, à vol d'oiseau.

Ces taxes continueront d'être perçues en décimes, et sans fraction de décime, ainsi que cela est réglé par le cinquième paragraphe de l'article 7 de la loi du 27 frimaire an VIII.

ART. 4. Il n'est rien changé aux taxes actuellement établies sur les lettres de et pour la même commune.

Les lettres remises à un bureau de poste pour être portées par les agents de l'Administration à une distribution relevant de ce même bureau seront taxées suivant les progressions de poids ci-après :

Au-dessous de 7 grammes 1/2............ 2 décimes.
De 7 grammes 1/2 à 15 gr. exclusivement. 3
De 15 grammes à 30 gram. exclusivement. 4
Et de 30 grammes en 30 grammes........ 1 décime en sus.

Quant aux lettres simplement déposées dans un bureau de poste ou dans une distribution et destinées pour une autre commune dépendante de l'arrondissement du bureau, elles ne payeront qu'un droit fixe d'un décime par lettre.

ART. 5. Les lettres de France ou passant par la France à destination de la Corse, et les lettres de ce département pour la France ou devant passer par la France, ne seront assujetties à aucune taxe pour le parcours dans le département de la Corse. En conséquence, la taxe ne sera perçue que pour le trajet du point de départ jusqu'au lieu d'embarquement pour la Corse, et réciproquement du point d'arrivée de la Corse jusqu'au lieu de destination.

Il sera perçu, en outre, 1 décime pour la voie de mer.

ART. 6. Les lettres destinées pour les colonies et pays d'outre-mer (l'Angleterre exceptée) seront affranchies du point de départ au lieu d'embarquement indiqué sur l'adresse; la taxe sera perçue conformément aux articles 1, 2, 3 et 4.

Toutes les fois que le lieu d'embarquement ne sera pas désigné, la lettre sera expédiée à Paris, et la taxe sera, en conséquence, perçue du point de départ jusqu'à Paris, en ajoutant la taxe des lettres de Paris pour les colonies, laquelle est et demeure fixée uniformément à 5 décimes.

Dans les cas ci-dessus, il sera perçu, en sus du port, 1 décime pour la voie de mer.

Les lettres des colonies et pays d'outre-mer (l'Angleterre exceptée) seront taxées, conformément aux articles 1, 2, 3 et 4, d'après la distance du point de débarquement jusqu'au lieu de destination, plus 1 décime pour la voie de mer.

*Les lettres déposées dans les bureaux de poste des lieux d'embar-
quement pour les colonies et pays d'outre-mer (l'Angleterre exceptée),
et les lettres venant des mêmes lieux pour les ports où elles auront
été débarquées, seront taxées comme lettres de la ville pour la ville,
plus 1 décime pour la voie de mer.*

ART. 7. *La lettre à laquelle sera attaché un échantillon de marchandises sera taxée conformément aux articles 1, 2, 3 et 4 ci-dessus.*

*Il sera perçu, en outre, sur l'échantillon une taxe réduite au tiers
de la taxe d'une lettre du même poids, mais seulement lorsque l'é-
chantillon sera présenté sous bandes ou de manière à ne laisser
aucun doute sur sa nature, et qu'il ne contiendra d'autre écriture à
la main que des numéros d'ordre.*

*Si l'échantillon est envoyé isolément, la taxe sera également ré-
duite au tiers du port fixé par les articles ci-dessus, sans qu'elle
puisse néanmoins être en aucun cas inférieure à la taxe de la lettre
simple.*

ART. 8. *Le port des journaux, gazettes et ouvrages périodiques
transportés hors des limites du département où ils sont publiés, et
quelle que soit la distance parcourue dans le royaume, est fixé à
5 centimes pour chaque feuille de la dimension de 30 décimètres
carrés et au-dessous. Ce port sera augmenté de 5 centimes pour chaque
30 décimètres ou fraction de 30 décimètres excédant.*

*Les mêmes feuilles ne payeront que la moitié des prix fixés ci-
dessus, toutes les fois qu'elles seront destinées pour l'intérieur du
département où elles auront été publiées.*

Dans tous les cas, le port devra être payé d'avance.

*Il n'est rien changé au prix du transport fixé par les lois précé-
dentes pour les recueils, annales, mémoires, bulletins périodiques
uniquement consacrés aux arts, à l'industrie et aux sciences, et
pour les livres brochés, catalogues, prospectus, musique, annonces
et avis de toute nature.*

ART. 9. *Les imprimés ne pourront être expédiés que sous bandes,
et ces bandes ne devront pas couvrir plus du tiers de la surface du
paquet.*

*Ils ne devront contenir ni chiffres, ni aucune espèce d'écriture
à la main, si ce n'est la date et la signature.*

*Toutefois, les avis imprimés de naissance, mariage ou décès,
pourront être présentés à l'affranchissement sous forme de lettres,*

mais de manière qu'ils soient facilement vérifiés, et pourvu qu'ils ne contiennent point d'écriture à la main.

Il sera perçu sur chacun de ces avis 1 décime, quelle que soit la distance à parcourir dans l'étendue du royaume, et 5 centimes seulement lorsqu'ils seront destinés pour l'arrondissement du bureau où ils auront été présentés à l'affranchissement.

La dimension de la feuille d'impression de ces avis ne pourra excéder 11 décimètres carrés; le port sera doublé pour les feuilles qui dépasseront cette dimension.

Art. 10. *Les dispositions des lois et règlements qui sont contraires à la présente loi sont abrogées à dater du 1er janvier 1828.*

ORDONNANCE DU 11 JANVIER 1829.

Mode nouveau de service pour les lettres arrivant à Paris.

Art. 1er. A dater du 1er mars prochain, il sera reçu dans tous les bureaux de poste du royaume, mais *à la destination de Paris seulement*, des lettres qui seront enregistrées à présentation et qui ne seront délivrées aux destinataires que sur leurs récépissés.

Art. 2. Ces lettres porteront la dénomination de lettres recommandées.

Art. 3. Pour qu'une lettre soit admise à recommandation, *elle devra être sous enveloppe et scellée de deux cachets en cire, avec empreinte: la suscription devra être lisible et porter le nom et la demeure du destinataire. Elle ne pourra pas être affranchie.* Elle pourra être adressée poste restante.

Art. 4. Les lettres recommandées seront inscrites sur un registre à souche. Le numéro d'enregistrement de chaque lettre sera porté sur un bulletin qui sera détaché de sa souche et remis à l'envoyeur.

Art. 5. Chaque lettre portera le numéro correspondant à son enregistrement; elle sera frappée en outre du timbre du bureau expéditeur, de celui du jour de départ, et, de plus, d'un timbre particulier.

Art. 6. Les lettres recommandées seront réunies et formeront un paquet à part. Elles seront accompagnées d'une liste nominative qui indiquera le numéro du registre et le nom du destinataire. Ce paquet sera inséré dans la dépêche et inscrit sur la feuille d'avis.

ART. 7. A l'ouverture des dépêches *à Paris*, il sera procédé au récolement des lettres recommandées; *elles seront taxées conformément au tarif et d'après les distances et le poids.*

ART. 8. Le service *de Paris* recevra les lettres recommandées et les fera remettra à domicile et sur récépissé aux destinataires.

ART. 9. *Il n'est rien changé aux règlements sur les chargements, qui, seuls, en cas de perte, donnent lieu à un recours en indemnité conformément à la loi du 5 nivôse an v.*

(Origine du service des lettres recommandées, rendu applicable dans tous les bureaux de poste par la loi du 21 juillet 1844, supprimé par la loi du 20 mai 1854, rétabli et développé par la loi du 25 janvier 1873.)

LOI DES 3-10 JUIN 1829.

Établissement d'un service de poste dans toutes les communes du royaume

ART. 1er. A partir du 1er avril 1830, l'Administration des postes fera transporter, distribuer à domicile et recueillir *de deux jours l'un au moins*, dans les communes où il n'existe pas d'établissement de poste, les correspondances administratives et particulières, ainsi que les journaux, ouvrages périodiques et autres imprimés dont le transport est attribué à l'Administration des postes.

ART. 2. *Toute lettre transportée, distribuée ou recueillie par les facteurs établis à cet effet, à l'exception des correspondances administratives, payera, en sus de la taxe progressive résultant du tarif des postes, un droit fixe d'un décime.*

ART. 3. Les dispositions pénales relatives au transport des lettres en contravention ne seront pas applicables à ceux qui feront prendre et porter leurs lettres dans les bureaux de poste circonvoisins de leur résidence.

ART. 4. *La taxe progressive des lettres déposées dans un bureau de poste pour une distribution dépendante de ce bureau et réciproque-*

ment, établie par la loi de 15 mars 1827, est réduite et demeure fixée ainsi qu'il suit :

Au-dessous de 7 grammes 1/2 . . . .   *1 décime.*
De 7 grammes 1/2 à 15 gr. exclusivement. . .   *2 décimes.*
De 15 grammes à 30 gram. exclusivement. .   *3*
De 30 en 30 grammes . . . .   *1 décime en sus.*

ART. 5. Les sommes actuellement allouées au budget des communes pour le service des messagers-piétons seront versées au trésor royal pour subvenir aux dépenses du nouveau service. Toutefois cette subvention n'aura lieu que dans la proportion nécessaire pour élever les recettes au niveau des dépenses ; dans tous les cas, elle cessera d'être exigée des communes à partir du 1er janvier 1833.

ART 6. Les dispositions de la présente loi ne sont pas applicables au département de la Seine.

(Modifié : lois du 21 avril 1832, du 3 juillet 1846 et du 24 août 1871.)

LOI DE FINANCES DU 21 AVRIL 1832.

Établissement d'un service journalier dans les communes dépourvues d'établissements de poste.

ART. 47. A partir du 1er juillet, l'Administration des postes fera transporter, distribuer à domicile et recueillir tous les jours, dans les communes dépourvues d'établissements de poste, les correspondances administratives et particulières, ainsi que les journaux, ouvrages périodiques et autres imprimés dont le transport est attribué à l'Administration des postes.

Néanmoins l'établissement du service journalier dans ces communes n'aura lieu que successivement et en raison des besoins des localités, constatés par les délibérations des conseils municipaux et les avis des préfets et sous-préfets.

LOI DU 31 JANVIER 1833.

Prescription des mandats d'articles d'argent.

ART. 1er. Seront définitivement acquises à l'État les sommes versées aux caisses des agents des postes pour être remises à destination, et dont le remboursement n'aura pas été réclamé par les ayants droit dans un délai de huit années à partir du jour du versement des fonds. Les délais pour les versements faits antérieurement à la promulgation de la présente loi courront à partir de cette promulgation.

ART. 2. Les dispositions ci-dessus seront insérées dans les récépissés délivrés au public par les bureaux de poste.

———————

ORDONNANCE SUR L'ARMÉE DU 2 NOVEMBRE 1833.

Non insérée au Bulletin des lois.

CHAPITRE XXI. — VAGUEMESTRE (infanterie).

189. Le vaguemestre est choisi par le colonel parmi les sous-officiers; il est sous la surveillance immédiate du major, qui propose les sujets pour cet emploi. Muni d'une commission du major, approuvée par le colonel, il retire de la poste les lettres, paquets, argent et effets adressés au conseil d'Administration, ainsi qu'aux officiers, sous-officiers et soldats. Il en est responsable; il les distribue immédiatement et sans aucune rétribution en sus de la taxe.

190. Il tient un registre divisé en deux parties; la première sert à enregistrer les titres qui lui sont confiés pour retirer de la poste les lettres chargées, l'argent adressé aux officiers, sous-officiers et soldats, et à justifier de la remise qu'il en a faite; la signature du Directeur de la poste constate la recette du vaguemestre et celle des militaires opère sa décharge. La seconde partie est destinée à constater les divers chargements de lettres et de fonds qu'il fait de la part des militaires du régiment.

Ce registre est coté et parafé par le major, et conforme au modèle H; le major le vérifie tous les lundis.

191. Il est placé près du corps de garde de police une boîte aux lettres dont le vaguemestre a la clef; l'heure de la levée des lettres est indiquée par une affiche. Le vaguemestre passe chez le colonel, dans les bureaux du major, du trésorier et de l'officier d'habillement pour y prendre les dépêches.

192. Il remet d'abord au colonel les lettres à son adresse et à celle du Conseil d'administration.

Il porte ensuite à domicile celle du major, du trésorier, de l'officier d'habillement et des officiers supérieurs, il porte de même à tous les officiers l'argent qu'il reçoit pour eux.

A l'appel d'onze heures ou à celui qui suit l'arrivée du courrier, il distribue aux sergents-majors les lettres des officiers, s'il n'a pu les leur remettre lui-même et celles des sous-officiers et soldats; les lettres chargées et l'argent reçus pour les caporaux et les soldats leur sont remis directement par le vaguemestre en présence du sergent de semaine, qui signe avec eux au registre du vaguemestre, et qui en informe l'officier de semaine. Si ces militaires ne savent pas écrire, ils font une croix et l'officier et le sergent de semaine signent au registre pour certifier que le payement a été fait.

Le sergent-major de la compagnie hors rang reçoit les lettres des officiers de l'état-major, des sous-officiers et soldats du petit état major.

Le vaguemestre donne à l'adjudant de semaine un état signé par le Directeur de la poste et constatant les différentes sommes ainsi que les lettres chargées qu'il a reçues pour les sous-officiers les caporaux et les soldats. Cet état est annexé au rapport. L'adjudant en donne lecture aux sergents-majors qui en rendent compte à leurs capitaines et aux officiers de semaine. Si le vaguemestre n'a reçu aucun article d'argent, il remet à l'adjudant un état négatif également signé par le Directeur de la poste.

193. Les lettres de rebut sont rendues par le vaguemestre à la poste, sans avoir été décachetées, après que le motif du refus a été inscrit au dos : le port en est remboursé par le Directeur de la poste

Les sommes qui sont adressées à des militaires absents, ou qu'on ne peut remettre immédiatement, sont versées entre les mains des capitaines, qui en donnent reçu sur le registre du vaguemestre et les gardent jusqu'à ce qu'elles puissent être remises:

Les sommes destinées à des militaires morts, ou qui n'appartiennent plus au corps, sont rendues à la poste: les reconnaissances de versement sont remises au major, qui est tenu de les faire parvenir sans délai aux familles.

194. Les capitaines veillent soigneusement à ce que la remise des lettres et de l'argent adressés aux sous-officiers et soldats sous leurs ordres soit faite avec une scrupuleuse exactitude. S'il y a

4

des réclamations, ils les transmettent au major qui y fait droit sur le champ. Si des infidélités ont été commises, le major en rend compte au colonel, qui fait punir les coupables suivant les lois [1].

LOI DU 30 MAI 1838.

Transports des correspondances par les paquebots français.

ARTICLE UNIQUE. Des ordonnances royales insérées au *Bulletin des lois* détermineront le prix du port des lettres, journaux, gazettes et imprimés de toute nature qui seront transportés par les paquebots français du Levant......

ORDONNANCE DU 19 FÉVRIER 1843.

Autorisation de transiger en matière contentieuse.

ARTICLE UNIQUE. L'Administration des postes est autorisée à transiger, avant comme après jugement, sauf l'approbation du Ministre des finances, dans toutes les affaires contentieuses qui concernent son service.

ORDONNANCE DU 17 NOVEMBRE 1844.

Franchises et contre-seings.

TITRE 1er. — DISPOSITIONS GÉNÉRALES.

ART. 1er. La correspondance des fonctionnaires publics, exclusivement relative au service de l'État, est admise à circuler en franchise par la poste.

ART. 2. Les fonctionnaires et les personnes désignés dans les tableaux annexés à la présente ordonnance sont seuls autorisés à correspondre entre eux en franchise, sous les conditions exprimées auxdits tableaux.

---

[1] Les articles 149 à 154 de la même ordonnance contiennent des dispositions analogues en ce qui concerne le service des vaguemestres dans la cavalerie.

Aucune autre concession de franchise ne pourra être accordée que par nous, lorsque le service l'exigera indispensablement, et sur le rapport de notre Ministre secrétaire d'état des finances, après qu'il s'en sera entendu avec le Ministre du département que cette concession pourra concerner.

ART. 3. Il est défendu de comprendre, dans les dépêches expédiées en franchise, des lettres, papiers et objets quelconques étrangers au service de l'État [1].

ART. 4. Dans le cas de suspicion de fraude ou d'omission d'une seule des formalités prescrites par la présente ordonnance, les préposés des postes sont autorisés à taxer en totalité les dépêches, ou à exiger que le contenu de celles de ces dépêches qui seront revêtues d'un contre-seing quelconque, soit vérifié en leur présence par les fonctionnaires auxquels elles seront adressées, ou, en cas d'empêchement de ces fonctionnaires, par leurs fondés de pouvoirs.

ART. 5. Si, de la vérification prescrite par l'article précédent, il résulte qu'il y a fraude, les préposés des postes en dresseront, dans les formes qui seront indiquées au titre X ci-après, un procès-verbal dont ils enverront un double au directeur de l'administration des postes, qui en rendra compte à notre Ministre des finances.

ART. 6. Les fonctionnaires qui recevront en franchise, sous leur couvert, des lettres ou paquets étrangers au service, devront les renvoyer au directeur des postes de leur résidence, en lui faisant connaître le lieu d'origine de ces lettres et paquets, et le contre-seing sous lequel ils leur seront parvenus.

ART. 7. *Les lettres et paquets mentionnés dans les articles 5 et 6 seront immédiatement envoyés, frappés de la double taxe, aux destinataires ; en cas de refus du payement de cette double taxe, ils seront transmis au directeur de l'administration des postes, qui les fera renvoyer au fonctionnaire contre-signataire, lequel sera tenu d'en acquitter le double port* [2].

---

[1] Voir ci-après le décret du 24 août 1848, article 6.

[2] Dispositions modifiées par l'arrêté du Ministre des finances du 13 décembre 1848.

TITRE II. — Des objets qui sont assimilés à la correspondance de service (1).

ART. 8. Sont assimilés à la correspondance de service les objets ci-après désignés, savoir :

1° Le Bulletin des lois ;

2° Le Bulletin des arrêts de la cour de cassation ;

3° Les tables générales et décennales des Bulletins des lois et des arrêts de la cour de cassation ;

4° Les budgets, rapports, comptes rendus, circulaires, proclamations ou affiches, et autres publications officielles faites directement par le Gouvernement ou par ses agents en son nom, moyennant que ces publications seront adressées par un fonctionnaire dont le contre-seing opère la franchise à l'égard du destinataire ;

5° Toutes autres publications ou tous imprimés concernant le service direct du Gouvernement, qui auront été achetés des fonds de l'État, sous la condition que ces imprimés seront expédiés sous bandes et adressés par un fonctionnaire dont le contre-seing opère la franchise à l'égard du destinataire, et qu'ils seront accompagnés d'une déclaration écrite, revêtue de la signature du contre-signataire, et indiquant :

Le titre de chaque ouvrage ;

Le nombre d'exemplaires à expédier ;

La qualité du destinataire ;

Que l'envoi est fait pour le service du Gouvernement ;

6° Le Bulletin de la Société d'encouragement pour l'industrie nationale, adressé par notre Ministre de l'agriculture et du commerce aux fonctionnaires à l'égard desquels le contre-seing de ce ministre opère la franchise ;

7° La description des machines et procédés consignés dans les brevets d'invention, lorsque cet ouvrage est adressé par notre Ministre de l'agriculture et du commerce aux fonctionnaires à l'égard desquels le contre-seing de ce ministre opère la franchise ;

8° Les programmes des écoles royales des arts et métiers et

---

(1) Le nombre des objets assimilés à la correspondance de service a été augmenté par des décisions ministérielles postérieures à l'ordonnance de 1844. — Consulter à ce sujet le Manuel des franchises.

des écoles vétérinaires, adressées par notre Ministre de l'agriculture et du commerce aux fonctionnaires à l'égard desquels le contre-seing de ce ministre opère la franchise ;

9° Le Journal général de l'instruction publique, adressé par notre Ministre de l'instruction publique aux préfets des départements, aux recteurs d'académie et aux inspecteurs des écoles primaires ;

10° Le Moniteur algérien, adressé par le gouverneur général de l'Algérie aux préfets des départements ;

11° Le Bulletin officiel du ministère de l'intérieur, adressé par notre ministre de l'intérieur aux fonctionnaires à l'égard desquels le contre-seing de ce ministre opère la franchise ;

12° Le Journal militaire officiel, adressé par notre Ministre de la guerre aux fonctionnaires à l'égard desquels le contre-seing de ce ministre opère la franchise ;

13° Les Annales maritimes et coloniales, adressées par notre ministre de la marine aux fonctionnaires à l'égard desquels le contre-seing de ce ministre opère la franchise ;

14° Les feuilles d'annonces contenant les mercuriales du cours des marchés, que s'expédient réciproquement, sous contre-seing, les sous-préfets de Lorient et de Quimperlé ;

ART. 9. Sont également considérés comme correspondance de service les objets ci-après désignés, savoir :

1° Les rôles des contributions directes ;

2° Les listes électorales ;

3° Les listes du jury ;

4° Les registres destinés à l'inscription de l'état civil ;

5° Les registres destinés au service des brigades de gendarmerie ;

6° Les registres d'écrou ;

7° Les livrets des caisses d'épargne, adressés, savoir :

Par les receveurs généraux des finances, aux receveurs particuliers et aux percepteurs de leurs départements respectifs ;

Par les receveurs particuliers des finances, au receveur général de leur département et aux percepteurs de leurs arrondissements respectifs ;

Par les percepteurs, au receveur général de leur département et aux receveurs particuliers de leur arrondissement ;

8° Les décorations et médailles d'honneur décernées par le Gouvernement ;

9° Les échantillons destinés à servir au jugement du titre des espèces ;

10° Les poinçons de garantie relatifs à la fabrication des monnaies ;

11° Les poinçons destinés à la marque de révision des poids et mesures ;

12° Les tubes de vaccin expédiés par les préfets et sous-préfets aux fonctionnaires à l'égard desquels leur contre-seing opère la franchise ;

13° Les échantillons de fils, tissus et matières premières susceptibles d'être filées ou tissées, expédiées par les préposés de l'administration des douanes, sous les conditions qui seront exprimées dans l'article 56 ci-après ;

14° Les registres reliés ou cartonnés et les échantillons de grains, de farines, de pains de munition, d'effets d'habillement et d'équipement, que s'adressent réciproquement les sous-intendants militaires de Vannes et de Belle-Isle-en-Mer, sous les conditions qui seront exprimées dans l'article 57 ci-après ;

15° Les portatifs des préposés de l'administration des contributions indirectes.

TITRE III. — DES OBJETS QUI NE PEUVENT ÊTRE ASSIMILÉS À LA CORRESPONDANCE DE SERVICE [1].

ART. 10. Sont exclus du bénéfice de la franchise attribuée à la correspondance de service des fonctionnaires publics, savoir :

1° Les journaux et publications de librairie ;

2° Les approvisionnements de formules d'imprimés à l'usage des fonctionnaires ou établissements publics ;

3° Les annuaires départementaux ;

4° Les bulletins, recueils et annales des sociétés d'agriculture, savantes ou autres ;

----

[1] L'exclusion du bénéfice de la franchise résultant de l'article 10 a été expressément étendue à d'autres objets par diverses décisions ministérielles. L'ordonnance du 16 mai 1847 et divers arrêtés du ministre des finances ont aussi augmenté le nombre des objets admis à circuler exceptionnellement sous le couvert et le contre-seing de fonctionnaires intermédiaires. — Consulter à ce sujet le Manuel des franchises.

5° Les livres déposés au secrétariat des préfectures, conformément à la loi du 21 octobre 1814;

6° Et généralement tous objets non désignés dans les articles 8 et 9 précédents, quel que soit le contre-seing sous lequel ils seraient présentés dans les bureaux de poste.

TITRE IV. — DE CERTAINES CORRESPONDANCES ADMISES À CIRCULER EXCEPTIONNELLEMENT SOUS LE COUVERT ET LE CONTRE-SEING DE FONCTIONNAIRES INTERMÉDIAIRES [1].

ART. 11. Sont admis à circuler en franchise, dans les cas et aux conditions ci-après exprimés, les correspondances de service et les objets dont l'indication suit, savoir :

1° La correspondance des officiers, sous-officiers et autres personnes désignées dans l'état annexé à la présente ordonnance sous le n° 1, relative au service de la garde nationale, dans l'intérieur de chaque département, sous le couvert et le contre-seing du préfet, des sous-préfets et des maires ;

2° La correspondance des avoués agrégés à l'agent judiciaire du Trésor dans les départements, avec les avoués qui sont leurs correspondants dans les arrondissements de sous-préfecture, sous le couvert et le contre-seing du préfet et des sous-préfets de leur département ;

3° La correspondance des sociétés scientifiques entre elles dans tout le royaume, sous le couvert et le contre-seing des préfets des départements ;

4° Les demandes de brevets d'invention, sous le couvert et le contre-seing des préfets, à l'adresse de notre Ministre de l'agriculture et du commerce ;

5° Les certificats de demandes de brevets d'invention, sous le couvert et le contre-seing de notre Ministre de l'agriculture et du commerce, à l'adresse des préfets ;

6° Les avertissements destinés aux redevables de l'enregistrement, sous le couvert et le contre-seing des maires, d'une part, et des receveurs de l'enregistrement et des conservateurs des hypothèques, de l'autre part ;

7° Les états de taxes à témoin, dressés par les receveurs de l'enregistrement en Corse, sous le couvert et le contre-seing

_____

[1] Voir page précédente.

du préfet, d'une part, et des sous-préfets et des maires, de l'autre part;

8° La correspondance du préfet du Finistère, à Quimper, avec le receveur des douanes à Morlaix, sous le couvert et le contre-seing du sous-préfet de Morlaix.

ART. 12. Les pièces et les papiers dont se compose chacune des correspondances désignées dans l'article précédent devront être exclusivement relatifs à cette correspondance.

Ces pièces et papiers ne pourront être ni pliés en forme de lettres, ni revêtus d'adresses extérieures, ni cachetés, ni fermés par des fils ou attaches quelconques, mais ils seront remis ouverts au fonctionnaire expéditeur, qui les pliera en deux ou en quatre, pour les revêtir ensuite d'un croisé de bandes de la largeur prescrite par l'article 25 ci-après, sur lequel croisé de bandes il apposera son contre-seing, et formulera l'adresse du fonctionnaire désigné pour transmettre cette correspondance.

La destination ultérieure de chaque pièce ou de chaque objet composant ladite correspondance pourra être indiquée par une vedette, soit en tête, soit au bas de la première page.

Toutefois, en ce qui concerne les demandes et les certificats de demandes de brevets d'invention mentionnées aux nos 4 et 5 de l'article 11 précédent, ces pièces seront, suivant le cas, scellées du cachet du demandeur, ou du cachet de notre Ministre de l'agriculture et du commerce.

Indépendamment de l'apposition de son contre-seing, le Ministre ou le préfet expéditeur devra certifier, sur l'adresse extérieure de la dépêche, par une déclaration signée, que l'incluse contenue dans cette dépêche est une demande ou un certificat de demande de brevet d'invention.

TITRE V. — DU CONTRE-SEING.

ART. 13. Le contre-seing consiste dans la désignation des fonctions de l'envoyeur, suivie de sa signature.

La désignation des fonctions peut être imprimée sur l'adresse ou indiquée par un timbre; mais, sauf les exceptions qui seront établies dans l'article 14 ci-après, tous les fonctionnaires sont tenus d'apposer *de leur main*, sur l'adresse des lettres et paquets qu'ils expédient, leur signature au-dessous de la désignation de leurs fonctions.

Néanmoins, les archevêques et les évêques pourront formuler leur contre-seing au moyen des initiales de leurs prénoms, précédées d'une croix (†) et suivies de l'indication de leur qualité; mais ce contre-seing devra être écrit tout entier de la main de l'envoyeur.

ART. 14. *Notre contre-seing et celui du Prince royal et des fonc-*tionnaires désignés dans l'état annexé à la présente ordonnance, sous le n° 2, auront lieu au moyen d'une griffe fournie par le directeur de l'Administration des Postes; l'emploi de cette griffe ne pourra être confié qu'à une seule personne, qui en demeurera responsable.

ART. 15. *Notre contre-seing sera exercé, savoir :*

1° *Par l'intendant de la liste civile, au moyen d'une griffe portant les mots :* service du Roi, *et d'une seconde griffe portant les mots :* l'intendant général de la liste civile;

2° *Par l'administrateur du domaine privé, au moyen d'une griffe portant les mots :* service du Roi, l'administrateur du domaine privé;

3° *Par le secrétaire de notre cabinet, au moyen d'une griffe portant les mots :* service du Roi, cabinet du Roi;

4° *Par l'aide de camp du Roi, chargé du service de la maison du Roi, au moyen d'une griffe portant les mots :* service du Roi, maison du Roi;

5° *Par l'aide de camp de service près du Roi, au moyen d'une griffe portant les mots :* service du Roi, l'aide de camp de service;

6° *Par le secrétaire des commandements de la Reine, au moyen d'une griffe portant les mots :* service du Roi, cabinet de la Reine.

ART. 16. Sauf l'exception qui sera établie dans l'article 17 ci-après, aucun fonctionnaire n'a le droit de déléguer à d'autres personnes le contre-seing qui lui est attribué.

Toute dépêche contre-signée en contravention au paragraphe précédent sera assujettie à la taxe.

Lorsqu'un fonctionnaire sera hors d'état de remplir ses fonctions par absence, maladie, ou pour toute autre cause légitime, le fonctionnaire qui le remplacera par intérim contre-signera les dépêches à sa place; mais, en contre-signant chaque dépêche, il énoncera qu'il remplit par intérim les fonctions auxquelles le contre-seing est attribué.

Art. 17. Les divers agents du Trésor peuvent, mais en cas d'absence ou de maladie seulement, déléguer leur contre-seing à des fondés de pouvoirs.

Les fondés de pouvoirs des agents du Trésor doivent contre-signer de cette sorte :

Pour le receveur général.......... ⎫
Pour le receveur particulier........ ⎬ absent ou malade,
Pour le payeur.................. ⎭ le fondé de pouvoirs.

Art. 18. Dans les cas d'empêchement prévus par le troisième alinéa de l'article 16 précédent, le contre-seing attribué aux procureurs généraux et aux procureurs du Roi, est exercé respectivement par l'un des avocats généraux et l'un des substituts du procureur du Roi. Le contre-seing temporaire des avocats généraux et des substituts doit faire mention qu'ils agissent pour le procureur général ou pour le procureur du Roi empêché. L'omission du mot *empêché* donnera lieu à l'application de la taxe.

Art. 19. Les sous-intendants militaires empêchés par une des causes exprimées dans l'article 16 précédent sont remplacés dans l'exercice de leurs fonctions et du contre-seing qui leur est attribué, savoir :

1° Dans toutes les places de guerre où il y a un major de place, par cet officier ;

2° Dans les autres places de guerre, par le commandant de place ;

Dans les chefs-lieux de département qui ne sont pas places de guerre, par le secrétaire général de la préfecture ou par un conseiller de préfecture ;

4° Dans les chefs-lieux d'arrondissement qui ne sont pas places de guerre, par le sous-préfet ;

5° Dans toutes les autres villes du royaume, par le maire.

Le contre-seing, momentanément exercé par ces fonctionnaires, doit être formulé dans les termes suivants :

Le major de place.............. ⎫
Le commandant de place......... ⎪
Le secrétaire général de préfecture... ⎬ remplaçant
Le conseiller de préfecture........ ⎪ le sous-intendant militaire,
Le sous-préfet................. ⎪ absent ou malade.
Le maire.................... ⎭

Art. 20. Dans les villes où il n'existe pas de sous-intendant militaire, les fonctionnaires désignés dans l'article précédent étant appelés à remplir les fonctions de sous-intendant, le contre-seing, qui leur est attribué dans ce cas, doit être formulé ainsi qu'il suit :

Le major de place. . . . .
Le commandant de place. . . . .
Le secrétaire général de préfecture. . .
Le conseiller de préfecture. . . . .
Le sous-préfet. . . . .
Le maire. . . . .

faisant fonctions de sous-intendant-militaire.

TITRE VI. — Du mode de fermeture des lettres et paquets relatifs au service.

Art. 21. Les lettres et paquets relatifs au service de l'État s'expédient de deux manières :

1° Par lettres fermées ;

2° Sous bandes.

Les lettres fermées peuvent être pliées et cachetées selon la forme ordinaire, ou être mises sous enveloppe.

Art. 22. La faculté d'expédier la correspondance de service par lettres fermées est permanente ou éventuelle.

Elle est permanente pour la correspondance *du Roi, du prince royal* et des fonctionnaires désignés dans l'état annexé à la présente ordonnance, sous le n° 3.

Cette faculté est éventuelle pour la correspondance de service des fonctionnaires désignés dans l'état annexé sous le n° 4.

Cependant, elle n'est accordée aux préfets et sous-préfets que pour la correspondance relative à des objets de police. Dans ce cas, il devra en être fait mention sur l'adresse de la dépêche par le mot *police*, écrit à la main.

Art. 23. Les fonctionnaires qui sont autorisés éventuellement, mais seulement en cas de nécessité, à expédier leur correspondance de service par lettres fermées doivent, indépendamment de leur contre-seing, déclarer sur la suscription, par une note signée d'eux, qu'il y a nécessité de fermer la dépêche. Cette note sera ainsi conçue : *nécessité de fermer.*

Lorsque les préfets des départements useront de cette faculté, ils ne pourront contre-signer leurs dépêches au moyen de la griffe fournie par l'administration des postes. Leur contre-seing, comme la signature de la note ci-dessus mentionnée, devra être mis de leur main.

ART. 24. La correspondance des maires avec le préfet de leur département et avec le sous-préfet de leur arrondissement pourra avoir lieu par lettres pliées et cachetées selon la forme ordinaire, mais non sous enveloppe, et à condition :

1° Que ces lettres ne dépasseront pas le poids légal d'une lettre simple, c'est-à-dire *sept grammes et demi;*

2° Qu'elles ne renfermeront aucune autre lettre ou pièce quelconque :

3° Qu'indépendamment de son contre-seing, l'expéditeur écrira sur l'adresse, et d'une manière apparente, le mot *confidentielle.*

L'omission d'une seule de ces formalités donnera lieu à l'application de la taxe.

ART. 25. Les lettres et paquets contre-signés qui devront être mis sous bandes, conformément aux indications des tableaux annexés à la présente ordonnance, ne pourront être reçus ni expédiés en franchise lorsque la largeur des bandes excédera le tiers de la surface de ces lettres ou paquets.

ART. 26. Sauf les exceptions mentionnées dans les articles 27 et 79 ci-après, les lettres ou papiers quelconques expédiés sous pli cacheté, sous enveloppe ou sous bandes, ne devront être intérieurement fermés de quelque manière que ce soit.

Toutefois, afin de préserver un paquet volumineux des avaries auxquelles il pourrait être exposé dans le transport, le fonctionnaire expéditeur pourra lier ce paquet par une ficelle, à la condition expresse que cette ficelle, placée extérieurement, soit nouée par une simple boucle, et puisse être facilement détachée, si les besoins de la vérification l'exigent.

ART. 27. Les directeurs des contributions indirectes de département et d'arrondissement sont autorisés à s'expédier réciproquement des paquets d'acquits-à-caution, subdivisés, sous les bandes extérieures, en d'autres paquets portant des bandes et des étiquettes particulières, à la condition,

1° Que sur l'adresse extérieure seront écrits les mots, *acquits-à-caution;*

2° Que les paquets intérieurs porteront, pour seule et unique suscription, le nom de l'arrondissement ou du département que les acquits-à-caution concernent.

TITRE VII. — Du dépôt de la correspondance de service
DANS LES BUREAUX DE POSTE.

Section 1re. — *Des lettres et paquets ordinaires.*

ART. 28. Les lettres et paquets relatifs au service devront
être remis, *savoir : dans les départements,* aux directeurs des
postes, *et à Paris, au bureau de l'expédition des dépêches, à l'hôtel
des postes.*

Lorsqu'ils auront été jetés à la boîte, ils seront assujettis à la
taxe.

Seront toutefois dispensés des conditions ci-dessus, et expédiés en franchise :

1° Les lettres et paquets, trouvés dans les boîtes des bureaux
de poste, qui seront adressés à des fonctionnaires ou à des personnes jouissant de la franchise à raison de leur qualité et sans
condition de contre-seing ;

2° Les lettres et paquets valablement contre-signés par des
fonctionnaires résidant dans des communes dépourvues d'établissements de poste aux lettres, et qui seront déposés dans les
boîtes rurales de ces communes.

ART. 29. Le directeur des postes qui reconnaîtra qu'une des
conditions ou formalités prescrites pour procurer la franchise
manque sous le rapport, soit de la formation, soit de la suscription d'une dépêche ou d'un paquet qui aura été déposé à
son bureau, en avertira sur-le-champ le contre-signataire.

ART. 30. Si les rectifications à faire, dans les cas prévus par
l'article précédent, peuvent être opérées avant le départ du
courrier, le directeur des postes insistera auprès du fonctionnaire expéditeur pour qu'elles soient immédiatement effectuées.

Si l'heure avancée ou toute autre circonstance ne permet pas
de réclamer ou d'obtenir du fonctionnaire expéditeur les rectifications nécessaires, le directeur des postes apposera sur la
dépêche un timbre destiné à justifier la taxe qu'il appliquera,
s'il est en correspondance avec le bureau de destination, ou à
provoquer l'application de cette taxe, s'il doit diriger cette dépêche sur un bureau intermédiaire.

ART. 31. Dans le cas où les irrégularités mentionnées dans
l'article 29 n'auraient pas été aperçues et signalées par le bu-

reau d'origine, les directeurs des bureaux intermédiaires ou de destination suppléeront à cette omission, en appliquant sur les lettres et paquets entachés de ces irrégularités le timbre indiqué dans l'article 30, et, s'il y a lieu, la taxe dont ils sont passibles.

ART. 32. Les dispositions contenues dans le second alinéa de l'article 30, et dans l'article 31 précédents, seront applicables aux lettres et paquets contre-signés qui auront été déposés dans les boîtes des communes rurales.

Les directeurs des postes dans l'arrondissement desquels sont comprises ces communes devront saisir toutes les occasions de signaler aux fonctionnaires desdites communes les infractions habituelles qui donneront lieu à la taxe de leur correspondance de service.

ART. 33. Toute simulation sur l'adresse d'une dépêche contre-signée, soit de la résidence ou de la qualité du fonctionnaire contre-signataire, soit de la résidence ou de la qualité du fonctionnaire correspondant, donnera lieu d'appliquer à la dépêche entachée de cette fraude les dispositions de l'article 4 de la présente ordonnance.

Section 2. — *Des publications et imprimés non officiels.*

ART. 34. La déclaration prescrite par le n° 5 de l'article 8, pour justifier l'envoi par la poste des publications et imprimés non officiels, devra être adressée, en même temps que les exemplaires de ces publications, *au directeur de l'Administration des Postes, en ce qui concerne les expéditions partant de Paris, et aux directeurs des bureaux de poste, pour les expéditions réclamées par les fonctionnaires résidant dans les départements.*

ART. 35. Les déclarations remises aux directeurs des postes seront frappées, à la date de leur réception, du timbre du bureau où le dépôt des publications et imprimés non officiels aura eu lieu, et envoyées immédiatement *au directeur de l'Administration.*

Ces déclarations devront être conformes au modèle imprimé à la suite de la présente ordonnance, sous le n° 5.

ART. 36. Chaque paquet formé de publications et imprimés non officiels, régulièrement déclarés, sera frappé par le directeur du bureau d'expédition, indépendamment du timbre à date de ce bureau, d'un second timbre portant les mots : *imprimés déclarés.*

Art. 37. Dans le cas où des paquets composés de publications ou d'imprimés non officiels seraient remis, *soit à l'Administration des Postes à Paris, soit* dans les bureaux de poste *des départements,* sans la déclaration susmentionnée, les directeurs devront, avant le départ des paquets, réclamer du fonctionnaire expéditeur cette déclaration.

Si, nonobstant la réclamation qui en aura été faite, la déclaration n'est pas produite, les paquets seront soumis à la taxe et frappés, indépendamment du timbre à date du bureau d'expédition, d'un timbre portant les mots : *imprimés non déclarés.*

Art. 38. Tout paquet contenant des publications ou imprimés non officiels qui parviendrait, soit dans les bureaux de poste intermédiaires ou de passe, soit dans les bureaux de destination, non revêtu du timbre mentionné dans l'article 36, sera taxé et traité conformément aux dispositions de l'article 4 de la présente ordonnance.

En l'absence de ce timbre, et pour justifier l'application de la taxe, le directeur du bureau, soit intermédiaire, soit de destination, frappera le paquet du timbre mentionné dans l'article 3o.

Section 3. — *Du Bulletin des lois et du Bulletin des arrêts de la Cour de cassation.*

Art. 39. Les envois du Bulletin des lois et du Bulletin des arrêts de la Cour de cassation, ainsi que des Tables générales et décennales de ces bulletins, ont lieu par les soins de l'Imprimerie royale. Ils se divisent en envois officiels et en envois particuliers, par suite d'abonnements.

Art. 40. Les envois officiels sont expédiés aux préfets, sous-préfets, cours et tribunaux, autorités militaires, etc. Les Bulletins leur sont toujours adressés sous chargement.

Art. 41. Les envois aux abonnés ont lieu immédiatement après les envois officiels. Les numéros composant ces envois particuliers ne sont point chargés.

Néanmoins, les paquets qui contiennent des séries ou parties de séries de numéros anciens sont expédiés sous chargement.

Art. 42. Le Bulletin des lois est transmis aux maires et aux juges de paix par l'intermédiaire des préfets et des sous-préfets.

ART. 43. La réexpédition des exemplaires de chaque Bulletin des lois destinés aux maires a lieu par les soins des préfets et des sous-préfets. Ces magistrats adressent, à cet effet, au directeur des postes de leur résidence, un nombre d'exemplaires du Bulletin des lois égal à celui des communes desservies par chaque bureau de poste existant dans l'arrondissement de sous-préfecture.

ART. 44. Les Bulletins des lois constatant les prix régulateurs des grains, que l'Imprimerie royale envoie, au commencement de chaque mois, aux préfets, à tous les directeurs des douanes et à l'inspecteur de la même administration, à Lyon, seront expédiés sous enveloppe cachetée à la cire, avec empreinte du cachet de l'Imprimerie royale.

Ces paquets porteront sur l'adresse le timbre de cet établissement; ils seront toujours expédiés sous chargement.

ART. 45. Les paquets désignés dans l'article précédent seront portés au domicile des destinataires aussitôt après l'arrivée du courrier. Le récépissé ou la décharge de ces paquets devra énoncer le jour et l'heure de leur remise.

Section 4. — *Des lettres chargées ou recommandées.*

ART. 46. *Toute lettre adressée au Roi doit être recommandée d'office.*

ART. 47. Les lettres et paquets contre-signés qui seront dans le cas d'être chargés ne pourront être reçus ni expédiés en franchise que lorsqu'ils seront accompagnés d'une réquisition signée des autorités ou fonctionnaires qui les adresseront. Cette réquisition sera annexée au registre du dépôt des lettres chargées.

Les lettres et paquets contre-signés qui devront être expédiés sous chargement seront présentés sous bandes lorsque le fonctionnaire auquel ils seront adressés ne jouira de la franchise, dans ses rapports de service avec le fonctionnaire expéditeur, qu'à la condition que les lettres et paquets ordinaires devront circuler sous bandes.

Ces bandes devront être fermées de deux cachets en cire avec empreinte, de même que les chargements expédiés sous enveloppe. Les cachets ne devront porter que sur les bandes.

Art. 48. La perte d'une lettre ou d'un paquet chargé, expédié en franchise, ne donne droit à aucune indemnité.

Art. 49. Les particuliers qui voudront faire charger des lettres ou paquets destinés aux fonctionnaires qui jouissent de la franchise acquitteront, pour ces lettres et paquets, le droit ordinaire de chargement.

Section 5. — *Des chargements d'objets divers assimilés à la correspondance de service.*

Art. 50. Les objets désignés aux n°s 8, 9, 10, 11, 12 et 13 de l'article 9 de la présente ordonnance devront toujours être expédiés sous chargement, et seront assujettis aux formalités de dépôt indiquées dans les articles 51 à 56 ci-après.

Art. 51. Les décorations et médailles d'honneur décernées par le Gouvernement devront être présentées aux directeurs des postes, à découvert, et renfermées, en leur présence, dans une boite qui sera ficelée, puis scellée du cachet de l'envoyeur et du cachet du bureau de poste. La présentation à découvert ne sera point exigée pour les décorations et médailles expédiées de Paris sous le cachet d'un ministre secrétaire d'État ou du grand chancelier de la Légion d'honneur.

Art. 52. L'envoi à l'administration des monnaies des échantillons destinés à servir au jugement des espèces aura lieu, avec les précautions nécessaires pour la sûreté et la conservation de ces échantillons, sous le couvert de notre ministre secrétaire d'État des finances.

Art. 53. Les poinçons de garantie envoyés par la commission des monnaies à ses bureaux dans les départements, et les poinçons hors de service qui lui sont renvoyés des départements, seront renfermés dans des boîtes exactement ficelées et cachetées du cachet des envoyeurs.

Art. 54. Les poinçons destinés à la marque de révision des poids et mesures seront également renfermés dans des boîtes ficelées et cachetées du cachet des envoyeurs.

Art. 55. Le vaccin que les préfets et sous-préfets sont autorisés à expédier aux fonctionnaires à l'égard desquels le contreseing de ces magistrats opère la franchise sera renfermé dans des tubes de verre ou d'autres matières ; les tubes de verre devront être insérés dans des boîtes assez fortes pour les défendre

5

de la casse. Ces boîtes seront simplement ficelées, mais non cachetées, de manière que les préposés des postes puissent facilement en vérifier le contenu.

Art. 56. Les échantillons de fils, tissus et matières premières susceptibles d'être filées ou tissées, que les préposés de l'administration des douanes sont autorisés à expédier à d'autres préposés de la même administration, ne devront pas dépasser le poids d'un kilogramme; ils seront pliés sous une seule bande ouverte par les deux côtés; il ne pourra y être joint aucune pièce manuscrite ou autre.

Les lettres d'envoi, procès-verbaux ou autres pièces y relatives seront pliés à part, sous un croisé de bandes, et réunis au paquet d'échantillons par un fil [1].

Art. 57. Les registres reliés ou cartonnés, les échantillons de grains et farines, de pains de munition, d'effets d'habillement et d'équipement militaires, que s'adressent réciproquement les sous-intendants militaires de Vannes et de Belle-Ile-en-Mer, devront former des paquets dont le poids ne pourra pas excéder le maximum d'un kilogramme. Il ne sera expédié qu'un seul paquet par chaque départ de courrier. Les paquets ne seront pas cachetés, mais seulement pliés ou ficelés, de manière que les préposés des postes puissent facilement en vérifier le contenu.

TITRE VIII. — Du TRANSPORT DES CORRESPONDANCES CIRCULANT EN FRANCHISE.

Art. 58. Lorsque les services établis par l'administration des Postes seront insuffisants pour effectuer le transport simultané des paquets et des objets admis à circuler en franchise, les directeurs des postes feront exécuter ce transport par des moyens extraordinaires et par la voie la plus économique. A cet effet, ils devront en charger les diligences et messageries, ou obliger les entrepreneurs de service à se faire accompagner d'un aide ou à se pourvoir d'un cheval ou d'une voiture supplémentaire, selon le poids ou le volume des paquets à transporter.

---

[1] L'ordonnance du 16 mai 1847 (art. 9) avait créé une exception à cette règle pour les échantillons prélevés sur les fils et les tissus de laine, ou mélangés de laine, dont l'exportation à l'étranger donnait droit à des primes. La suppression des primes de sortie a rendu cette exception sans objet.

ART. 59. Si le transport est effectué par la voie des diligences ou messageries, le directeur fera suivre les dépêches extraordinaires d'un part spécial, dans les formes prescrites par les règlements de l'Administration des Postes, et, en outre, il préviendra de cet envoi le directeur du bureau de destination, afin que ce dernier puisse réclamer, s'il y a lieu, les dépêches qui lui sont adressées.

ART. 60. Sauf les exceptions établies dans l'article ci-après, le maximum du poids des paquets expédiés en franchise est fixé ainsi qu'il suit, savoir :

1° A 5 kilogrammes, lorsque le transport de ces paquets devra être opéré jusqu'à destination, soit par un service en malle-poste ou en bateau à vapeur, soit sur un chemin de fer ou par un service d'entreprise en voiture;

2° A 2 kilogrammes, lorsqu'ils sont dirigés sur une route desservie, en quelque point que ce soit, par un service d'entreprise à cheval;

3° A 1 kilogramme, lorsqu'ils devront être transportés, sur une portion quelconque du trajet à parcourir, par un service d'entreprise à pied..

ART. 61. Seront acheminés sans limitation de poids :

1° Les paquets revêtus du contre-seing ou expédiés à l'adresse des personnes et des fonctionnaires jouissant de la franchise illimitée;

2° Les objets ci-après désignés, savoir :

Les rôles des contributions directes;

Les listes électorales;

Les listes du jury;

Les registres destinés à l'enregistrement des actes de l'état civil.

ART. 62. Les directeurs des postes sont autorisés, en cas d'insuffisance des services établis, et sauf les exceptions prévues dans l'article précédent, à refuser à présentation tout paquet contre-signé dont le poids dépasserait le maximum fixé par l'article 60.

ART. 63. Si plusieurs paquets à l'adresse d'un même fonctionnaire, revêtus d'un même contre-seing, et pesant ensemble plus que le maximum déterminé dans l'article 60 précédent, sont présentés simultanément à un bureau de poste, le directeur de ce bureau pourra en répartir l'expédition entre plusieurs courriers, et invitera, à cet effet, le contre-signataire à faire connaître l'ordre dans lequel ces paquets doivent être expédiés.

TITRE IX. — DE LA DISTRIBUTION DES CORRESPONDANCES CIRCULANT EN FRANCHISE.

ART. 64. Tout paquet contre-signé, dont la forme, le poids ou le volume rendrait impossible son introduction dans la boîte, ou dans le portefeuille des facteurs de ville ou des facteurs ruraux, ou son transport par le moyen de ces agents, sera conservé au bureau de destination, pour y être distribué au guichet.

ART. 65. Seront également réservés, pour être distribués au guichet du bureau, les paquets contre-signés qui, bien qu'ils puissent être introduits isolément dans les boîtes ou portefeuilles des facteurs, ne pourraient cependant y trouver place, soit en raison de leur nombre, soit en raison du volume des correspondances ordinaires.

ART. 66. Dans les cas prévus par les deux articles précédents, les directeurs donneront immédiatement avis aux fonctionnaires destinataires de l'arrivée des paquets que leur nombre ou leur forme, leur poids ou leur volume, empêchera de faire porter à domicile par les facteurs, et ils inviteront ces fonctionnaires à les envoyer prendre au bureau.

ART. 67. La correspondance particulière et administrative des préfets et des lieutenants généraux commandant les divisions militaires doit, sans exception, être remise, au moment de l'ouverture des dépêches, aux destinataires ou aux personnes accréditées pour les retirer.

ART. 68. Les fonctionnaires ci-après désignés peuvent également faire retirer leur correspondance particulière et administrative avant la distribution générale, savoir :

1° Les présidents des cours royales et des tribunaux de première instance;
2° Les procureurs généraux;
3° Les procureurs du Roi;
4° Les sous-préfets;
5° Les maréchaux de camp commandant les départements;
6° Les intendants militaires;

7° Les maires;

8° Les receveurs généraux des finances;

9° Les commandants de gendarmerie;

10° Les commandants de place;

11.° Les receveurs particuliers des finances;

12° Les sous-intendants militaires;

13° Les chefs de corps.

Lorsque ces fonctionnaires jugeront à propos d'user de cette faculté, ils devront faire connaître par écrit, au directeur des postes, la personne qu'ils entendent charger du soin de retirer leur correspondance.

Art. 69. Les fonctionnaires non désignés dans les articles ci-dessus recevront leur correspondance particulière et administrative par la distribution ordinaire et sans aucune préférence ni distinction.

Art. 70. Dans les villes où les directeurs sont autorisés à faire au guichet de leur bureau une distribution de lettres exceptionnelle en faveur des négociants, tous les fonctionnaires publics et chefs de service non désignés dans les articles 67 et 68 précédents pourront réclamer le même avantage à titre gratuit, mais seulement pour leur correspondance administrative.

TITRE X. — De l'ouverture et de la vérification des dépêches refusées par les fonctionnaires.

Art. 71. Lorsque des dépêches, non contre-signées, adressées des lieux situés dans leur ressort aux fonctionnaires qui jouissent de la franchise en raison de leur qualité seulement, auront été frappées de la taxe par application de l'article 4 de la présente ordonnance, les destinataires pourront en demander l'ouverture et la vérification. Dans ce cas, les faits résultant de la vérification seront constatés et suivis conformément aux règles prescrites par les articles 77 à 79 ci-après pour l'ouverture et la vérification des dépêches contre-signées [1].

Art. 72. Si, dans les vingt-quatre heures qui suivront le refus d'acquitter la taxe d'une dépêche non contre-signée, le fonctionnaire désigné dans l'article précédent n'a pas fait con-

_____

[1] Voir ci-après l'ordonnance du 27 novembre 1845, qui étend les dispositions de cet article, et le décret du 11 novembre 1850 qui la complète.

naître au directeur des postes l'intention de soumettre le contenu de cette dépêche à la vérification, elle sera envoyée à l'administration des Postes, à Paris, pour y être ouverte immédiatement.

ART. 73. Selon ce qui résultera de l'ouverture de la dépêche, les lettres ci-dessus mentionnées seront renvoyées sur-le-champ, soit aux particuliers qui les auront écrites, soit aux fonctionnaires qu'elles concernent.

Lorsque ces lettres devront être soumises à la taxe, elles ne supporteront que la taxe ordinaire.

À défaut de renseignements suffisants pour en procurer le renvoi aux parties intéressées, ces lettres seront conservées pendant les délais déterminés par les lois concernant les lettres tombées en rebut.

ART. 74. Lorsqu'une dépêche revêtue d'un contre-seing quelconque, et ayant été taxée en vertu de l'article 4 de la présente ordonnance, aura été refusée par le fonctionnaire destinataire, le directeur des postes devra, dans les vingt-quatre heures qui suivront le refus d'acquitter la taxe, adresser à ce fonctionnaire un premier avertissement, à l'effet de provoquer l'ouverture et la vérification du contenu de la dépêche refusée.

Si, vingt-quatre heures après l'envoi du premier avertissement, le fonctionnaire ne s'est pas conformé aux dispositions de l'article précité, il lui sera adressé un second et dernier avertissement.

Si, après un nouveau délai de vingt-quatre heures, le second avertissement reste sans effet, *le directeur des postes en informera le directeur de l'Administration, qui prendra, à ce sujet, les ordres de notre ministre des finances* [1].

ART. 75. La durée des délais accordés, par les deux derniers alinéa de l'article précédent, aux destinataires des lettres et paquets soumis à la vérification, sera portée au double en faveur des fonctionnaires résidant dans les communes rurales [1].

ART. 76. *Jusqu'à ce qu'il ait été statué sur le sort des dépêches mentionnées dans l'article 74 précédent, elles resteront déposées au bureau de poste* [1].

ART. 77. Si, de la vérification prescrite par l'article 4 pré-

---

[1] Dispositions modifiées par l'arrêté du ministre des finances du 13 décembre 1848.

cité, il résulte que la dépêche soumise à l'ouverture ne contient que des papiers uniquement relatifs au service, le directeur des postes la délivrera sur-le-champ, franche de port, au fonctionnaire destinataire.

Il ne dressera pas de procès-verbal de cette opération ; mais il devra conserver, pour la justification de la détaxe, les bandes, enveloppes, ou portions d'adresses sur lesquelles le timbre d'origine de la dépêche, le contre-seing et la taxe étaient apposés.

Toutefois, s'il est impossible de détacher ou de produire ces éléments de justification, le directeur se fera délivrer, par le fonctionnaire auquel la dépêche est adressée, un certificat constatant les motifs qui s'opposent à ce que cette justification soit produite.

Ce certificat devra énoncer :

1° Le nom du lieu d'origine de la dépêche;

2° La qualité de l'envoyeur;

3° La taxe dont cette dépêche était frappée.

ART. 78. Si la vérification donne lieu de reconnaître que la dépêche est, en tout ou en partie, étrangère au service de l'État, le procès-verbal dressé en exécution de l'article 5 de la présente ordonnance décrira sommairement, mais pièce par pièce, chaque objet contenu dans cette dépêche, tant ceux qui seront reconnus concerner le service du fonctionnaire destinataire que ceux qui lui sont étrangers. Les premiers seront remis sur-le-champ, francs de port, au destinataire ou à son fondé de pouvoirs; *les autres seront frappés de la double taxe et immédiatement remis au destinataire, à moins que celui-ci ne refuse d'acquitter la double taxe ou qu'il ne réside pas dans le ressort du bureau de poste, dans lesquels cas ils seront transmis, sans délai, avec un double du procès-verbal, au directeur de l'administration des postes* [1].

ART. 79. Seront immédiatement délivrées en franchise, au destinataire de la dépêche soumise à l'ouverture, les lettres trouvées dans cette dépêche, qui sont spécifiées ci-après, savoir :

1° Les lettres reproduisant le contre-seing de la dépêche vérifiée, adressées à des agents du Gouvernement dans les colonies ou les pays étrangers, à l'égard desquels agents ce contre-seing opère d'ailleurs la franchise;

---

[1] Modifié. Arrêté ministériel du 13 décembre 1848, article 14.

2° Les lettres revêtues du contre-seing de notre ministre de la marine, destinées à des officiers commandant des bâtiments prêts à prendre la mer, et portant sur l'adresse les mots : *ordres secrets*.

TITRE XI. — DU RENVOI DE CERTAINES CORRESPONDANCES RELATIVES AU SERVICE, RECONNUES NON DISTRIBUABLES.

ART. 80. Les directeurs des postes renverront sans retard à l'Administration, à Paris, les correspondances de service désignées ci-après, savoir :

1° Les lettres du grand chancelier de l'ordre royal de la Légion d'honneur adressées aux membres de l'ordre, lorsque les destinataires ne se trouveront pas précisément à la résidence et même au domicile indiqué sur l'adresse. (La distribution de ces lettres ne devra être essayée sur aucune autre destination, et pour quelque motif que ce soit. Les directeurs des postes annoteront cependant, au dos de ces lettres, en les renvoyant, les renseignements qui auront été recueillis, au dernier domicile du destinataire, sur sa nouvelle résidence.)

2° Les lettres et paquets qui porteront un contre-seing quelconque, ou seulement le cachet officiel d'un fonctionnaire d'une administration ou d'un établissement public dénommé dans les tableaux annexés à la présente ordonnance, lorsque ces lettres et paquets seront adressés à des personnes inconnues, ou même à des personnes connues, mais dont la résidence actuelle est ignorée.

3° Les lettres et paquets contre-signés adressés à un fonctionnaire dénommé dans lesdits tableaux, lorsque, le destinataire étant décédé, ils seront refusés par le nouveau titulaire ou par l'intérimaire, et aussi dans le cas d'une interruption de fonctions qui durerait depuis plus de dix jours.

4° Les lettres émanées de notre Cour des comptes, adressées nominativement à un comptable justiciable de cette cour, qui ne pourraient être distribuées, soit que le destinataire ait disparu sans laisser d'adresse, soit qu'étant décédé il n'ait pas laissé d'héritiers connus, soit enfin qu'elles aient été refusées par ses héritiers ou leurs représentants [1].

---

[1] Voir ci-après l'ordonnance du 16 mai 1847.

ART. 81. Sont exceptés des dispositions contenues dans l'article précédent, savoir :

1° Les lettres et paquets adressés *poste restante* à un fonctionnaire public ;

2° Les lettres et paquets adressés à un fonctionnaire public sous un titre qui n'existe point dans l'arrondissement du bureau auquel les lettres et paquets auront été envoyés [1].

Les lettres et paquets désignés au n° 1 ci-dessus devront être conservés pendant trois mois au bureau de destination, et renvoyés à l'Administration, à Paris, à l'expiration de ce terme.

Quant aux lettres et paquets compris sous le n° 2 du présent article, ils seront renvoyés à Paris, aux époques fixées pour le renvoi des lettres adressées à des destinataires déclarés inconnus.

ART. 82. *Sont également exceptés des dispositions de l'article 80 précédent, les lettres et paquets frappés de la double taxe en vertu de l'article 7 de la présente ordonnance, et qui seraient refusés par les fonctionnaires pour qui le payement de cette double taxe est obligatoire.*

Le directeur des postes donnera sur-le-champ connaissance de ce refus au directeur de l'Administration des Postes, et il conservera, jusqu'à nouvel ordre, la dépêche frappée du double port [2].

ART. 83. Sont et demeurent abrogées toutes dispositions contenues dans les ordonnances antérieures concernant les franchises, qui seraient contraires à la présente ordonnance.

ART. 84. Notre ministre secrétaire d'État des finances est chargé de l'exécution de la présente ordonnance, qui sera insérée au *Bulletin des lois*, avec les tableaux, états et modèle y annexés.

— —

ORDONNANCE DU 27 NOVEMBRE 1845.

Ouverture des paquets non contre-signés taxés.

ART. 1er. Toute dépêche non contre-signée, adressée à un fonctionnaire dénommé dans les tableaux annexés à l'ordonnance du 17 novembre 1844 sur les franchises, et qui aura été

---

[1] Les lettres et paquets de l'espèce sont aujourd'hui compris dans les rebuts journaliers.

[2] Modifié. Arrêté ministériel du 13 décembre 1848.

refusée à cause de la taxe, pourra être ouverte et vérifiée au bureau de poste de destination, suivant les formes prescrites par l'article 4 de ladite ordonnance, lorsque le fonctionnaire destinataire requerra l'accomplissement de ces formalités par une déclaration signée de lui, et motivée sur la présomption que le contenu de cette dépêche est relatif au service de l'État.

Art. 2. Lorsque le contenu d'une dépêche ouverte en vertu de l'article précédent aura été reconnu concerner directement le service de l'État, le directeur des postes délivrera immédiatement cette dépêche en franchise, en se conformant aux dispositions de l'article 77 de l'ordonnance du 17 novembre 1844. Si le contenu ne concerne pas directement le service de l'Etat, et si le fonctionnaire destinataire persiste à refuser d'acquitter la taxe de cette dépêche, elle sera classée dans les rebuts. Si, enfin, la vérification donne lieu de reconnaître que la dépêche est, en tout ou en partie, étrangère au service de l'État, les pièces relatives au service seront seules délivrées en franchise; les autres seront comprises dans les rebuts, à moins que le destinataire ne consente à en payer le port.

Dans tous les cas, le résultat des opérations d'ouverture et de vérification de la dépêche non contre-signée sera constaté par un procès-verbal dressé par le directeur des postes et signé par ce préposé et le fonctionnaire destinataire ou son délégué.

Art. 3. Les pièces et autres objets étrangers au service, trouvés dans les dépêches ouvertes en vertu des articles précédents, ne seront passibles que de la taxe ordinaire.

(Dispositions complétées par le décret du 11 novembre 1850.)

LOI DU 3 JUILLET 1846.

Loi portant suppression de la taxe du décime rural sur les lettres, et réduction du droit sur les envois de fonds ou objets précieux.

Art. 1er. A partir du 1er janvier 1847, la taxe d'un décime, établie par l'article 2 de la loi du 3 juin 1829, sur les lettres recueillies ou adressées dans les communes où il n'existe pas d'établissement de poste, cessera d'être perçue.

Art. 2. *A partir également du 1er janvier 1847, la taxe à percevoir sur les envois de fonds ou la valeur d'objets précieux con-*

fiés à la poste sera fixée à deux pour cent du montant des envois ou de la valeur des objets.

(Article 2 abrogé : lois du 20 décembre 1872 et du 25 janvier 1873.)

ORDONNANCE DES 16 MAI ET 1er JUIN 1847.

Franchises et contre-seings.

ART. 11. Les lettres et paquets revêtus, soit du contre-seing, soit du timbre ou du cachet officiel des départements ministériels qui seront refusés par les destinataires, sont assimilés aux correspondances de service désignées dans l'article 80 de l'ordonnance du 17 novembre 1844, et dont les directeurs des postes doivent faire sans retard le renvoi à l'Administration des Postes à Paris.

DÉCRET DU 24 AOÛT 1848.

Réforme postale. — Taxe uniforme. — Timbres-postes.

ART. 1er. A dater du 1er janvier 1849, toute lettre du poids de *7 grammes 1/2* et au-dessous, circulant à l'intérieur de bureau à bureau, sera taxée à *20 centimes*.

Les lettres de et pour la Corse et l'Algérie seront soumises à la même taxe.

ART. 2. Les lettres dont le poids excédera *7 grammes 1/2* et qui ne pèseront pas plus de *15 grammes*, seront taxées à *40 centimes*.

ART. 3. Les lettres et paquets de papiers d'un poids excédant *15 grammes*, et n'excédant pas *100 grammes*, seront taxés à *1 franc*.

Les lettres ou paquets dont le poids dépassera *100 grammes* seront taxés à *1 franc* par chaque *100 grammes* ou fraction de *100 grammes* excédant.

ART. 4. Les lettres *recommandées* [1] et les *lettres chargées* se-

---

[1] Jusqu'à cette époque, les lettres recommandées n'avaient été l'objet d'aucune disposition législative fiscale; elles ont été supprimées par la loi du 20 mai 1854 et rétablies par celle du 25 janvier 1873.

ront soumises au double port. L'affranchissement de ces lettres sera obligatoire.

ART. 5. L'Administration des Postes est autorisée à faire vendre, aux prix de 20 centimes, 40 centimes et 1 franc, des timbres ou cachets, dont l'apposition sur une lettre suffira pour en opérer l'affranchissement.

ART. 6. Il est interdit à tout fonctionnaire ou agent de l'Administration d'envoyer dans un paquet administratif, ou de contresigner, pour les affranchir, des lettres étrangères au service qui lui est confié.

La contravention à cet article sera punie conformément aux dispositions de la loi du 27 prairial an IX, sur le transport des lettres en fraude.

ART. 7. Toute lettre adressée à une personne ayant la franchise, et qui serait destinée à un tiers sera immédiatement envoyée au bureau de poste pour y être taxée.

ART. 8. Dans tous les cas de contravention prévus par le présent décret ou par les lois antérieures dont les dispositions restent en vigueur, les tribunaux pourront, suivant les circonstances, modérer la peine et réduire l'amende à 16 francs.

ART. 9. Un règlement d'administration, approuvé par le Ministre des finances, fixera les moyens d'exécution, et mettra les mesures réglées par le présent décret en rapport avec les dispositions de la loi du 15 mars 1827 qui ne sont pas abrogées.

(Modifié. Lois du 24 août 1871 et du 25 janvier 1873.)

ARRÊTÉ MINISTÉRIEL DU 13 DÉCEMBRE 1848.

Exécution du décret du 24 août 1848.

TITRE PREMIER. — DE LA TAXE DES LETTRES.

ART. 1er. Toute lettre circulant en France, de bureau à bureau, continuera à être frappée, jusqu'au 31 décembre 1848 à minuit, de la taxe progressive établie par la loi du 15 mars 1827. La taxe uniforme fixée par le décret du 24 août 1848 sera appliquée à partir du 1er janvier 1849.

Toute lettre distribuée avant ou après le 1er janvier 1849 devra le prix de port appliqué sur la suscription.

ART. 2. *Sont maintenues les taxes actuellement en vigueur, dans les cas ci-après désignés :*

1° Lettres de Paris pour Paris et des villes pour les mêmes villes;

2° Lettres d'une commune pour la même commune;

3° Lettres d'un bureau de poste pour une distribution avec laquelle ce bureau est en relation directe;

4° Lettres d'un bureau ou d'une distribution pour une commune que ce bureau ou cette distribution dessert.

ART. 3. La taxe supplémentaire fixe d'un décime pour voie de mer, appliquée aujourd'hui aux lettres de la France pour la Corse et l'Algérie et réciproquement, est supprimée à partir du 1er janvier 1849.

Les mêmes lettres n'auront plus à supporter que les taxes de bureau à bureau fixées par les articles 1, 2 et 3 du décret du 24 août 1848.

ART. 4. *Les échantillons de marchandises seront reçus dans le service des postes aux mêmes conditions que les lettres ou paquets de lettres.*

La modération de la taxe au tiers du prix de la lettre simple, attribué par la loi du 15 mars 1827 aux échantillons de marchandises expédiés sous bandes ou attachés aux lettres, est supprimée.

ART. 5. Est maintenue la taxe des lettres de et pour les pays étrangers, autres que les colonies françaises, tant pour le parcours en France que pour le port dû aux offices étrangers d'après les tarifs de ces offices. Toute taxe étrangère est conservée jusqu'à la conclusion des arrangements ultérieurs qui pourront être pris entre l'Administration des Postes françaises et les Administrations des Postes des pays étrangers.

ART. 6. *Les lettres de la France et de l'Algérie pour les colonies françaises et, réciproquement, celles des colonies françaises pour la France et l'Algérie, ne supporteront plus, pour le parcours intérieur, que la taxe fixée par les trois premiers articles du décret du 24 août, quelle que soit la distance à parcourir entre le point de départ et le lieu d'embarquement, ou entre le point d'arrivée et le lieu de destination.*

Il sera perçu, comme aujourd'hui, en sus du port, un décime de droit fixe pour voie de mer.

L'affranchissement de ces lettres reste obligatoire.

Le décime pour voie de mer ne pouvant être représenté par un timbre de même valeur devra être payé en numéraire dans un bureau de poste.

ART. 7. Les lettres adressées aux sous-officiers, soldats ou marins présents sous les drapeaux ou pavillons, qui jouissaient précédemment d'une réduction de taxe au droit fixe de 25 centimes [1], ne seront plus distinguées des autres dans le service des postes, et seront taxées ou affranchies dans les conditions fixées par le décret du 24 août.

Art. 8. *Sont maintenues les taxes actuellement en vigueur des journaux et imprimés de toute nature, ainsi que celles des avis imprimés de naissance, mariage ou décès expédiés sous forme de lettre.*

TITRE II. — DE L'AFFRANCHISSEMENT DES LETTRES.

ART. 9. L'affranchissement préalable des lettres circulant en France reste facultatif pour les envoyeurs.

L'affranchissement des lettres circulant à l'intérieur comme l'affranchissement des lettres à destination des colonies auront lieu au moyen des timbres à l'usage du service des postes, qui seront collés à la partie droite de la suscription des lettres ainsi affranchies.

Les timbres-postes seront vendus sur tous les points du territoire par les agents de l'Administration des Postes *et par eux seuls* [2].

Tout agent des postes qui recevra une lettre à l'affranchissement devra appliquer sur la suscription de la lettre, en présence de l'envoyeur, le timbre-poste destiné à en opérer l'affranchissement.

Les particuliers pourront affranchir eux-mêmes leur lettres, en appliquant un timbre-poste au côté droit de la suscription ; ces lettres ainsi affranchies pourront être jetées à la boîte sans autre formalité, et arriveront franches à leur destination.

Si l'envoyeur place sur sa lettre un timbre-poste qui repré-

---

[1] En vertu du décret du 9 février 1810 inséré au Bulletin des lois du 27 décembre 1843.

[2] La vente des timbres-postes par les débitants de tabacs a été autorisée par décision ministérielle du 21 janvier 1850 et rendue obligatoire par décision ministérielle du 3 juin 1854.

sente une taxe moindre que celle que comporte le poids de la lettre, l'Administration appliquera à la lettre mal affranchie à destination de l'intérieur un supplément de taxe qui sera acquitté en argent par le destinataire.

Quant aux lettres pour les colonies, mal affranchies par les envoyeurs, elles seront considérées comme n'étant pas affranchies du tout, et seront traitées conformément aux dispositions de l'article 671 de l'Instruction générale sur le service des postes.

ART. 10. Les journaux et imprimés expédiés sous bandes doivent toujours être présentés aux bureaux de poste pour y être affranchis.

TITRE III. — LETTRES CHARGÉES ET RECOMMANDÉES.

ART. 11. Les lettres chargées ou recommandées, dont l'affranchissement est obligatoire, ne peuvent être *affranchies au moyen des timbres-postes*, ni jetées à la boîte. Ces lettres doivent être présentées aux bureaux de poste pour y être soumises aux formalités que leur expédition comporte.

La réception et l'expédition de ces lettres restent soumises aux conditions et formalités actuellement en vigueur pour les lettres chargées.

ART. 12. Les recommandations d'office de toute nature sont supprimées.

Sont maintenus seulement les chargements d'office et les chargements en franchise, tels qu'ils sont définis et réglés par l'Instruction générale sur le service des postes, et par l'ordonnance sur les franchises du 17 novembre 1844.

TITRE IV. — DES CONTRAVENTIONS EN MATIÈRE DE FRANCHISE.

ART. 13. Les contraventions en matière de franchise auxquelles l'article 6 du décret du 24 août 1848 applique les dispositions pénales de la loi du 27 prairial an IX, à partir du 1er janvier 1849, continueront à être constatées par les directeurs des postes, conformément aux dispositions de l'ordonnance du 17 novembre 1844; seulement les procès-verbaux seront visés pour timbre et enregistrés.

Ces procès-verbaux seront dressés en quadruple expédition, dont l'une restera entre les mains du directeur. Les autres expéditions, y compris le procès-verbal visé pour timbre et enregistré, seront transmises immédiatement à l'Administration.

ART. 14. Les poursuites judiciaires seront exercées à la diligence de l'Administration, qui transmettra directement au procureur de la République les procès-verbaux qui pourraient y donner lieu.

Les objets étrangers au service trouvés dans les paquets vérifiés seront adressés immédiatement à l'Administration, qui les renverra au destinataire ou à l'expéditeur avec charge de double taxe.

ART. 15. L'acquit de la double taxe reste obligatoire et est indépendant des pénalités qui pourraient être prononcées contre le fonctionnaire expéditeur, en vertu des dispositions des articles 6 et 8 du décret du 24 août 1848.

ART. 16. Les paquets taxés en vertu de l'article 4 de l'ordonnance du 17 novembre 1844 et dont les destinataires auront refusé l'ouverture et la vérification seront adressés, aussitôt après les délais accordés par les articles 74 et 75 de la même ordonnance, à l'Administration, pour y être ouverts et vérifiés. Les faits résultant de cette vérification seront constatés d'office, et il y sera donné suite par l'Administration.

ART. 17. La réduction de l'amende à 16 francs, mentionnée dans l'article 8 du décret du 24 août 1848, n'est applicable qu'aux contraventions commises par les fonctionnaires publics.

TITRE V. — VENTE DES TIMBRES-POSTES.

ART. 18. La vente des timbres-postes aura lieu dans tous les bureaux de poste de France, de la Corse et de l'Algérie, *et exclusivement par les agents des postes.*

Les agents des postes qui devront participer à la vente des timbres sont :

1° Les directeurs;

2° Les distributeurs;

3° Les facteurs de ville;

4° Les facteurs ruraux.

Il est formellement interdit à toute personne étrangère au service des postes de s'immiscer dans la vente des timbres.

ART. 19. Les timbres-poste seront vendus au public, soit dans les bureaux de poste, soit par les facteurs en tournée, au prix nominal des taxes qu'ils représentent, c'est-à-dire *20 centimes, 40 centimes* et *1 franc.*

Il ne sera fait aucune remise aux agents des postes sur le produit ou sur la vente de ces timbres [1].

Art. 20. Les timbres-postes seront fournis à tous les directeurs des postes par un agent comptable établi à Paris. Cet agent sera chargé de centraliser toutes les opérations relatives à la fabrication et à la vente des timbres.

Art. 21. Les directeurs devront toujours avoir leur approvisionnement complet de timbres-postes des *trois espèces*.

Cet approvisionnement de timbres devra être égal au nombre total des lettres qui sont habituellement mises à la boîte de leur bureau pendant un mois. Les demandes devront être faites à l'Administration à l'avance, sur la formule imprimée n° 906 qui a été établie à cet effet.

Art. 22. Les directeurs des postes fourniront à tous les agents secondaires placés dans l'arrondissement de leur bureau (distributeurs et facteurs) le nombre de timbres-postes nécessaire pour que chaque agent puisse satisfaire immédiatement aux demandes qui pourraient lui être adressées par les particuliers.

Chaque facteur en cours de tournée devra être pourvu d'un nombre de timbres-postes représentant au moins une valeur de 5 francs. Le prix en sera acquitté d'avance par le facteur entre les mains du directeur ou du distributeur.

Art. 23. Il sera établi, dans chaque bureau de poste, un compte particulier pour la réception et la vente des timbres-postes. Le produit journalier de la vente des timbres figurera dans les écritures du directeur, suivant le mode qui sera indiqué dans les instructions spéciales adressées par l'Administration.

Art. 24. Toute fraude commise par un agent des postes, dans l'application ou dans la vente des timbres, sera punie de la révocation immédiate, sans préjudice des peines prononcées par la loi.

(Modifié. Lois des 3 et 7 mai 1853, 25 juin 1856, 4 juin 1859, 24 août 1871, 25 janvier 1873 et 29 décembre 1873.)

---

[1] Il est maintenant accordé une remise de 1 p. 0/0 à tous les agents préposés à la vente des timbres-postes. (Décision ministérielle du 16 décembre 1861.)

LOI DU 16 OCTOBRE 1849.

Peines contre les individus qui feraient usage de timbres-postes
ayant déjà servi à l'affranchissement des lettres.

ARTICLE UNIQUE. Quiconque aura sciemment fait usage d'un
timbre-poste ayant déjà servi à l'affranchissement d'une lettre
sera puni d'une amende de 50 francs à 1,000 francs.

En cas de récidive, la peine sera d'un emprisonnement de
cinq jours à un mois, et l'amende sera doublée.

Sera punie des mêmes peines, suivant les distinctions sus-
établies, la vente ou tentative de vente d'un timbre-poste ayant
déjà servi.

L'article 463 du Code pénal sera applicable dans les divers
cas prévus par le présent article de la loi.

DÉCRET DU 26 AVRIL 1850.

Organisation de l'Administration des Postes.

ART. 1er. Le service actif d'exploitation des postes, à Paris,
formera une division séparée du service administratif.

LOI DE FINANCES DU 18 MAI 1850.

TITRE V. — TAXE DES LETTRES.

ART. 13. *A partir du 1er juillet 1850, la taxe établie par les articles 1 et 2 du décret du 24 août 1848, sur les correspondances
circulant de bureau à bureau, sera portée à 25 centimes pour toute
lettre du poids de 7 grammes et demi et au-dessous, et à 50 centimes
pour toutes celles dont le poids excédera 7 grammes et demi et ne
dépassera pas 15 grammes.*

*Le tarif établi par le décret du 24 août 1848 restera applicable
aux lettres adressées aux sous-officiers et soldats de l'armée de terre
et de mer en activité de service.*

ART. 14. *A partir de la même époque, l'affranchissement des
lettres recommandées cessera d'être obligatoire. La surtaxe à leur*

apposer pour frais de recommandation, au lieu du double port fixé par l'article 4 du décret du 24 août 1848, ne sera qu'un supplément de 25 centimes, quel que soit le poids des lettres et quelle que soit la taxe qu'elles devront supporter à raison de ce poids.

(Abrogé : lois des 24 août 1871 et 25 janvier 1873.)

LOI DU 16 JUILLET 1850.

Cautionnement des journaux et timbre des écrits périodiques et non périodiques. — Réunion des droits de poste et de timbre.

ART. 15. *Le timbre servira d'affranchissement au profit des éditeurs de journaux et écrits, savoir : Celui de 5 centimes pour le transport et la distribution sur tout le territoire de la République ; celui de 2 centimes pour le transport des journaux et écrits périodiques dans l'intérieur du département (autre que ceux de la Seine et de Seine-et-Oise) où ils sont publiés, et des départements limitrophes. Les journaux ou écrits seront transportés et distribués par le service ordinaire de l'administration des postes.*

(Abrogé : décret du 17 février 1852, art. 13; décret du 5 septembre 1870.)

DÉCRET DU 31 JUILLET 1850.

Taxe postale des journaux et imprimés échangés entre la France et les pays étrangers.

ART. 2. Les imprimés *non périodiques* publiés à l'étranger, et adressés en France par la voie de la poste, n'auront à payer aucun droit de timbre en sus de la taxe postale.

Afin que les imprimés *de cette catégorie* qui auront payé ladite taxe puissent circuler légalement dans l'intérieur, l'Administration des Postes les fera frapper d'un timbre à date portant, à l'encre rouge, le nom du bureau de poste par lequel ils seront entrés sur le territoire français.

(Droit de timbre aboli par le décret du 5 septembre 1870.)

6.

DÉCRET DU 11 NOVEMBRE 1850.

Dépêches non contre-signées, adressées à des fonctionnaires, qui auront été refusées à cause de taxe, et dont les destinataires n'auront pas requis l'ouverture.

ART. 1er. Toute dépêche non contre-signée, adressée à un fonctionnaire dénommé dans les tableaux annexés à l'ordonnance du 17 novembre 1844, sur les franchises, en sa qualité de fonctionnaire seulement, qui aura été refusée à cause de la taxe, et dont le destinataire n'aura pas requis l'ouverture, par application de l'ordonnance du 27 novembre 1845, sera renvoyée, vingt-quatre heures après sa présentation, à l'Administration générale des Postes pour y être ouverte.

ART. 2. Si la vérification donne lieu de reconnaître que la dépêche est, en tout ou en partie, étrangère au service de l'État, les pièces relatives au service seront seules immédiatement envoyées en franchise ; les autres seront transmises à l'expéditeur, sous charge de la taxe ordinaire.

LOI DES 3 JUILLET, 18 ET 29 NOVEMBRE 1850.

Télégraphie privée.

ART. 9. *Indépendamment des taxes ci-dessus spécifiées, il est perçu, pour le port de la dépêche, soit au domicile du destinataire, s'il réside au lieu de l'arrivée, soit au bureau de la poste aux lettres, un droit de 50 centimes dans les départements, et de 1 franc pour Paris.*

Si le destinataire ne réside pas au lieu d'arrivée, la dépêche lui sera transmise, sur la demande et aux frais de l'expéditeur, par exprès *ou estafette.* Les conditions de ce service seront fixées par le règlement à intervenir en vertu de l'article 11 de la présente loi.

(Modifié : loi du 3 juillet 1861.)

DÉCRET DU 30 DÉCEMBRE 1851.

Organisation de l'administration centrale du ministère des finances.

ART. 1er. Les directions générales de l'enregistrement et des domaines, des forêts, des postes, sont rétablies; les chefs de ces administrations prendront le titre de directeur général.

DÉCRET DU 17 FÉVRIER 1852.

Sur la presse. — Rétablissement des droits de poste.

Art. 13. *En outre des droits de timbre fixés par la présente loi,* les tarifs *existant antérieurement à la loi du 16 juillet 1850,* pour le transport, par la poste, des journaux et autres écrits, sont remis en vigueur.

(Tarif modifié par la loi du 25 juin 1856.)

DÉCRET DU 1ᵉʳ MARS 1852.

Timbre des journaux et écrits périodiques, et des écrits non périodiques traitant de matières politiques ou d'économie sociale, publiés à l'étranger et importés en France.

Art. 1ᵉʳ. Les journaux et écrits périodiques et les écrits non périodiques traitant de matières politiques ou d'économie sociale, désignés dans les articles 8 et 9 du décret du 17 février 1852, publiés à l'étranger et importés en France par la voie de la poste, seront frappés, par les agents de l'Administration des Postes, d'un timbre spécial à date, portant, à l'encre rouge, le nom du bureau de poste par lequel ils seront entrés sur le territoire français.

Les droits de timbre exigibles, sauf conventions diplomatiques contraires, seront perçus par addition aux droits de poste.

(Droit de timbre aboli par le décret du 5 septembre 1870.)

DÉCRET DU 25 MARS 1852.

Décentralisation administrative.

Art. 5. Les préfets nommeront directement, sans l'intervention du Gouvernement et sur la proposition des divers chefs de service, aux fonctions et emplois suivants :

. . . . . 18° Les directeurs des bureaux de poste aux lettres dont le produit n'excède pas 1,000 francs;

19° Les distributeurs et facteurs des postes.

LOI DES 3-7 MAI 1853.

Échange des correspondances entre la France et ses colonies.

ART. 1er. A partir du 1er septembre 1853, les lettres échangées entre la France ou l'Algérie, d'une part, et les colonies françaises, d'autre part, au moyen des bâtiments à voiles naviguant entre les ports de la métropole et ceux de ses colonies, seront soumises aux mêmes conditions de taxe et de transmission que les lettres échangées en France de bureau à bureau.

Il sera perçu, en outre, par chaque lettre, quel que soit son poids, une taxe supplémentaire de 10 centimes pour voie de mer.

Il ne pourra être transmis de lettres chargées ou recommandées que lorsqu'un décret aura fixé les conditions spéciales auxquelles sera soumis ce mode de transmission.

ART. 2. Seront acquises à l'Administration des Postes métropolitaines les taxes perçues en France et en Algérie, sur les lettres non affranchies, originaires des colonies françaises et sur les lettres affranchies à destination de ces colonies.

Feront partie des recettes du service colonial les taxes perçues dans les colonies françaises sur les lettres non affranchies, originaires de France ou d'Algérie, et sur les lettres affranchies à destination de la France et de l'Algérie.

ART. 3. La rétribution allouée par les lois et règlements en vigueur aux capitaines des navires, au moyen desquels s'effectuera le transport des objets de correspondances entre la France et ses colonies, sera acquittée, à l'avenir, par le bureau de poste de débarquement.

ART. 4. Des décrets détermineront, par application des conventions de postes actuellement en vigueur ou qui interviendraient, les taxes applicables aux correspondances échangées entre la France et ses colonies, par l'intermédiaire des offices étrangers, ainsi que les taxes à percevoir dans les colonies françaises, sur les correspondances échangées entre ces colonies et les pays étrangers par la voie de France.

ART. 5. Il n'est pas dérogé aux lois, arrêtés, ordonnances et règlements qui ont fixé, jusqu'à ce jour, les prix du transport des journaux et imprimés entre la France et ses colonies.

(Voir ci-après le décret du 12 juillet 1856.)

LOI DES 7-10 MAI 1853.

Réduction de la taxe des lettres affranchies de Paris pour Paris.

ARTICLE UNIQUE. A dater du 1ᵉʳ juillet 1853, la taxe des lettres de Paris pour Paris sera réduite de 5 centimes pour les lettres affranchies [1].

DÉCRET DU 8 MARS 1854.

Cautionnement des agents comptables des timbres-postes à l'Administration de la Monnaie et à l'Administration des Postes.

ARTICLE UNIQUE. Le cautionnement de l'agent comptable en matières, chargé de la fabrication des timbres-postes à l'Administration des Monnaies, est fixé à la somme de 20,000 francs.

Le cautionnement de l'agent comptable en matières, garde-magasin des timbres-postes à l'Administration des Postes, est fixé à 20,000 francs.

Ces cautionnements seront réalisés en numéraire au Trésor public.

LOI DU 20 MAI 1854.

Taxe des lettres [2].

ART. 1ᵉʳ. *A dater du 1ᵉʳ juillet 1854, la taxe des lettres affranchies circulant à l'intérieur, de bureau à bureau, est réduite à 20 centimes par lettre simple. Les lettres non affranchies sont taxées à 30 centimes.*

Les lettres dont le poids excédera 7 grammes 1/2, et qui ne pèseront pas plus de 15 grammes, seront taxées à 40 centimes, si elles sont affranchies, et à 60 centimes si elles ne sont pas affranchies.

---

[1] La taxe des lettres simples de Paris pour Paris était de 15 centimes, depuis la loi du 24 avril 1806. La loi des 7-10 mai 1853, en réduisant de 5 centimes la taxe des lettres affranchies, a inauguré le système des primes à l'affranchissement, étendu et complété par les lois des 20 mai 1854 et 2 juillet 1862.

[2] Prime à l'affranchissement des lettres circulant de bureau à bureau.

Les lettres et paquets de papiers d'un poids excédant 15 grammes, et n'excédant pas 100 grammes, seront taxés à 80 centimes en cas d'affranchissement et à 1 fr. 20 cent. en cas de non-affranchissement.

Les lettres ou paquets dont le poids dépassera 100 grammes seront taxés à 80 centimes ou 1 fr. 20 cent. par chaque 100 grammes ou fraction de 100 grammes excédant, selon qu'ils auront été ou qu'ils n'auront pas été affranchis.

Les lettres et paquets de et pour la Corse et l'Algérie sont soumis aux mêmes taxes.

Toute lettre revêtue d'un timbre insuffisant sera considérée comme non affranchie, et taxée comme telle, sauf déduction du prix du timbre.

Le Ministre des finances est autorisé à émettre les nouveaux timbres-postes nécessaires pour l'affranchissement des correspondances.

ART. 2. Le port des imprimés et journaux, des circulaires ou avis divers, imprimés, lithographiés ou autographiés, sous quelque forme qu'ils aient été expédiés sans affranchissement préalable, sera payé par l'expéditeur au prix du tarif des lettres, lorsque, pour une cause quelconque, il n'aura pas été acquitté au point de destination.

En cas de refus de payement, l'acte de poursuite pour le recouvrement dudit port s'opérera par voie de contrainte décernée par le directeur du bureau expéditeur, visée et déclarée exécutoire par le juge de paix du canton.

ART. 3. A l'avenir, les lettres chargées et les lettres recommandées ne formeront qu'une seule catégorie de lettres, sous le titre de *lettres chargées*.

Il sera perçu pour chaque lettre chargée une taxe fixe de *20 centimes*, en sus du port réglé par les tarifs pour la lettre ordinaire.

L'affranchissement sera obligatoire.

Sont maintenues les autres dispositions de la loi du 5 nivôse an v concernant les lettres chargées.

(Modifié. Lois des 24 août 1871 et 25 janvier 1873.)

LOI DE FINANCES DU 22 JUIN 1854.

Transport frauduleux de correspondances. — Mesures répressives.

ART. 20. Les employés et agents des postes assermentés, et tous les agents de l'autorité ayant qualité pour constater les délits et contraventions, pourront, concurremment avec les fonctionnaires dénommés dans l'arrêté du 27 prairial an IX, opérer les saisies et perquisitions et dresser les procès-verbaux autorisés par ledit arrêté.

ART. 21. En cas de condamnation, le tribunal pourra ordonner l'affiche du jugement à un nombre d'exemplaires qui ne pourra excéder cinquante, le tout aux frais du contrevenant.

ART. 22. En cas de récidive, l'amende ne pourra être moindre de 300 francs, ni excéder 3,000 francs.

Il y a récidive, lorsque le contrevenant a subi, dans les trois années qui précèdent, une condamnation pour infraction aux lois concernant le transport des correspondances.

LOI DU 2 MAI 1855.

Justices de paix. — Billets d'avertissement avant citation.

ART. 2. L'article 17 de la loi du 25 mai 1838 est modifié ainsi qu'il suit :

Dans toutes les causes, excepté celles qui requièrent célérité, et celles dans lesquelles le défendeur serait domicilié hors du canton ou des cantons de la même ville, il est interdit aux huissiers de donner aucune citation en justice, sans qu'au préalable le juge de paix n'ait appelé les parties devant lui, au moyen d'un avertissement *sur papier non timbré* [1], rédigé et délivré par le greffier, au nom et sous la surveillance du juge de paix, et expédié par la poste, sous bande simple, scellée du sceau de la justice de paix, avec affranchissement.

---

[1] Sur papier au timbre de dimension de 50 centimes (L. 23 août 1871, art. 21.)

A cet effet, il sera tenu par le greffier un registre sur papier non timbré, constatant l'envoi et le résultat des avertissements ; le registre sera coté et parafé par le juge de paix. Le greffier recevra, pour tout droit et par chaque avertissement, une rétribution de *25 centimes,* y compris l'affranchissement, qui sera dans tous les cas, de *10 centimes.*

S'il y a conciliation, le juge de paix, sur la demande d'une des parties, peut dresser procès-verbal des conditions de l'arrangement ; ce procès-verbal aura force d'obligation privée.

Dans les cas qui requièrent célérité, il ne sera remis de citation non précédée d'avertissement qu'en vertu d'une permission donnée, sans frais, par le juge de paix, sur l'original de l'exploit.

En cas d'infraction aux dispositions ci-dessus de la part de l'huissier, il supportera sans répétition les frais de l'exploit.

(Modifié. Décret du 24 novembre 1871.)

LOI DE FINANCES DU 5 MAI 1855.

Prescription des valeurs déposées ou trouvées dans les bureaux de poste. — Fixation des droits de poste exposés pour l'instruction des affaires correctionnelles et criminelles.

Art. 17. Sont définitivement acquises à l'État, dans un délai de huit années, les valeurs cotées et toutes autres valeurs quelconques, déposées ou trouvées dans les boîtes ou aux guichets des bureaux de poste, renfermées ou non dans des lettres que l'Administration des Postes n'aura pu remettre à destination, et dont la remise n'aura pas été réclamée par les ayants droit.

Ce délai courra à partir du jour où les valeurs cotées auront été déposées, et de celui où les autres valeurs susmentionnées auront été trouvées dans le service des postes.

Pour les valeurs ci-dessus désignées, qui existent actuellement en dépôt à la Direction générale des Postes, le délai de huit années courra à partir de la promulgation de la présente loi.

Art. 18. Le port des lettres et paquets compris dans le paragraphe 11° de l'article 2 du décret du 18 juin 1811, dans les frais de justice criminelle, sera perçu, après chaque jugement définitif, suivant le tarif ci-après :

NATURE DES AFFAIRES.		TARIF des FRAIS DE POSTE à percevoir.
Affaire de simple police	portée directement à l'audience....................	0f 20c
	jugée en appel..........................	1 00
	portée à l'audience après instruction...............	1 20
	jugée sur appel............................	2 60
	jugée en cassation	6 40
Affaire correctionnelle	portée directement à l'audience....................	2 00
	jugée en appel............................	4 40
	portée à l'audience après instruction...............	3 00
	jugée sur appel,...........................	5 20
	jugée en cassation..........................	9 60
Affaire criminelle	devant la haute cour,........................	25 00
	devant la cour d'assises......................	
	en cassation	16 00

Ces frais seront recouvrés par les *receveurs de l'enregistrement* [1], pour le compte de l'Administration des Postes.

LOI DU 25 JUIN 1856.

Transport des imprimés, des échantillons et des papiers d'affaires ou de commerce circulant en France par la poste.

ARTICLE PREMIER. Le port des journaux et ouvrages périodiques traitant, en tout ou en partie, de matières politiques ou d'économie sociale, et paraissant au moins une fois par trimestre, est de 4 centimes par chaque exemplaire du poids de 40 grammes et au-dessous.

Au-dessus de 40 grammes, le port est augmenté de 1 centime par chaque 10 grammes ou fraction de 10 grammes excédant.

---

[1] Aujourd'hui par les percepteurs. (Loi du 29 décembre 1873, art. 25.)

ART. 2. Le port des journaux, recueils, annales, mémoires et bulletins périodiques uniquement consacrés aux lettres, aux sciences, aux arts, à l'agriculture et à l'industrie, et paraissant, au moins, une fois par trimestre, est de 2 centimes par chaque exemplaire du poids de 20 grammes et au-dessous.

Au-dessus de 20 grammes, le port est augmenté de 1 centime par chaque 10 grammes ou fraction de 10 grammes excédant.

Les ouvrages périodiques spécifiés dans le présent article sont exceptés de la prohibition établie par l'article 1er de l'arrêté du 27 prairial an IX, s'ils forment un paquet dont le poids dépasse un kilogramme, ou s'ils font partie d'un paquet de librairie qui dépasse le même poids.

ART. 3. Les journaux et ouvrages périodiques destinés pour l'intérieur du département dans lequel ils sont publiés ne payent que la moitié du port fixé par les articles précédents.

Les journaux et ouvrages périodiques publiés dans les départements autres que ceux de la Seine et de Seine-et-Oise, et destinés pour les départements limitrophes de celui où ils sont publiés, ne payent également que la moitié du port fixé par les articles précédents.

Dans le cas où le port comprend une fraction de centime, cette fraction est comptée comme un centime entier.

ART. 4. Le port des circulaires, *prospectus, catalogues, avis divers et prix courants, avec ou sans échantillons, livres, gravures, lithographies, en feuilles, brochés ou reliés, et en général tous les imprimés autres que ceux qui sont spécifiés par les articles précédents*, est de 1 centime par chaque exemplaire du poids de 5 grammes et au-dessous.

Le port des échantillons est également de 1 centime par chaque paquet du poids de 5 grammes et au-dessous.

Le port est augmenté de 1 centime par chaque 5 grammes ou fraction de 5 grammes excédant.

Lorsque le poids des objets spécifiés au présent article dépasse 50 grammes, ou lorsque ces objets sont réunis en un paquet d'un poids excédant 50 grammes, adressé à un seul destinataire, le port est de 10 centimes jusqu'à 100 grammes inclusivement.

Lorsque le poids dépasse 100 grammes, le port est augmenté de 1 centime par chaque 10 grammes ou fraction de 10 grammes excédant [1].

ART. 5. *Le port des papiers de commerce ou d'affaires est de 50 centimes pour chaque paquet de 500 grammes et au-dessous.*

Lorsque le poids dépasse 500 grammes, le port est augmenté de 1 centime par chaque 10 grammes ou fraction de 10 grammes excédant.

ART. 6. Les objets compris dans les articles précédents ne peuvent être expédiés que sous bandes mobiles, couvrant au plus le tiers de la surface.

S'ils sont réunis en paquet, et s'il y a nécessité, ils peuvent être placés sous enveloppe ; cette enveloppe doit être suffisante pour protéger les objets qu'elle recouvre, mais elle doit rester ouverte aux deux extrémités ou être disposée de manière que la vérification du contenu du paquet puisse avoir lieu facilement.

L'Administration n'est, dans aucun cas, responsable des détériorations.

Le poids des bandes, enveloppes, ficelles et cachets, est compris dans le poids soumis à la taxe.

ART. 7. Les avis, imprimés ou lithographiés, de naissance, mariage ou décès, peuvent être expédiés sous forme de lettres et sous enveloppe, mais de manière qu'ils soient facilement vérifiés. Dans ce cas, le port est de 10 centimes pour chaque avis du poids de 10 grammes et au-dessous, circulant à l'intérieur, de bureau à bureau, et de 5 centimes pour chaque avis du même poids circulant dans la circonscription d'un bureau.

Au-dessus de 10 grammes et par chaque 10 grammes ou fraction de 10 grammes excédant, le port est augmenté de 10 centimes pour chaque avis circulant de bureau à bureau, et de 5 centimes pour chaque avis circulant dans la circonscription d'un bureau.

Ces dispositions peuvent être étendues, par des arrêtés du ministre des finances, aux prospectus, catalogues, circulaires, prix courants, avis divers et cartes de visite.

---

[1] Le tarif fixé par l'article 4 de la loi du 25 juillet 1856 n'est plus applicable qu'aux circulaires électorales et aux bulletins de vote. (Lois des 24 août 1871, art. 9, et 29 décembre 1873, art. 7.)

ART. 8. Les objets compris dans la présente loi ne sont admis au bénéfice des taxes qu'elle établit qu'autant qu'ils ont été affranchis. S'ils ont été expédiés sans affranchissement, ils sont taxés aux prix du tarif des lettres.

S'ils ont été affranchis en timbres-postes et que l'affranchissement soit insuffisant, ils sont frappés, en sus, d'une taxe égale au triple de l'insuffisance de l'affranchissement.

Les taxes prévues par les deux paragraphes qui précèdent sont payées par l'expéditeur, lorsque, par une cause quelconque, elles n'ont pas été acquittées par le destinataire. En cas de refus de payement, le recouvrement en est opéré conformément à l'article 2 de la loi du 20 mai 1854.

ART. 9. Les imprimés affranchis en vertu des dispositions de la présente loi ne doivent contenir, sauf le cas d'autorisation mentionné dans l'article 10, ni chiffre ni aucune espèce d'écriture à la main, si ce n'est la date et la signature.

Il est, en outre, défendu d'insérer dans un imprimé, ainsi que dans un paquet d'imprimés, d'échantillons, de papiers de commerce ou d'affaires, aucune lettre ou note ayant le caractère d'une correspondance ou pouvant en tenir lieu [1].

En cas de contravention, les imprimés contenant de l'écriture ou un chiffre à la main, ainsi que les lettres ou notes insérées en fraude, sont saisis, et le contrevenant est poursuivi conformément aux dispositions de l'arrêté du 27 prairial an IX et de la loi du 22 juin 1854.

ART. 10. Le ministre des finances détermine par des arrêtés le mode de confection, le maximum du poids et la dimension des paquets confiés au service des postes, ainsi que les délais dans lesquels s'en effectuent le transport et la distribution, soit à domicile, soit au guichet du bureau.

Il peut autoriser l'inscription, sur certaines classes d'imprimés, de mots ou de chiffres écrits à la main, autres que la date et la signature.

ART. 11. La présente loi est exécutoire à partir du 1er août

---

[1] Une décision ministérielle du 25 mai 1859 autorise les indications manuscrites sur les échantillons, papiers d'affaires, épreuves d'imprimerie corrigées, cartes et plans, sous condition de l'acquittement préalable d'une taxe supplémentaire de 20 centimes (aujourd'hui 25 centimes), représentant le port d'une lettre simple.

1856. A dater de la même époque, les dispositions de la loi du 4 thermidor an IV, de l'ordonnance du 5 mars 1823, des lois des 15 mars 1827, 14 décembre 1830 et 16 juillet 1850, et du décret du 17 février 1852, article 13, relatives au prix du port et à la dimension des journaux, ouvrages périodiques et autres imprimés, ainsi qu'au prix du port des échantillons de marchandises, sont et demeurent abrogées [1].

(Modifié : lois du 2 mai 1861, 11 mai 1868; décret du 16 octobre 1870 ; lois des 24 août 1871 et 29 décembre 1873.)

ARRÊTÉ MINISTÉRIEL DU .9 JUILLET 1856.

Exécution de la loi du 25 juin 1856, relative au transport des imprimés, des échantillons et des papiers d'affaires ou de commerce circulant en France par la poste.

ARTICLE PREMIER. Le bénéfice des dispositions de l'article 7 de la loi du 25 juin 1856, aux termes duquel les avis, imprimés ou lithographiés, de naissance, mariage ou décès, peuvent être expédiés sous forme de lettres ou sous enveloppe, moyennant un port spécial fixé par cet article, est étendu aux prospectus, catalogues, circulaires, prix courants, avis divers et cartes de visite.

ART. 2. Les objets désignés dans l'article qui précède, ainsi que les avis, imprimés ou lithographiés, de naissance, mariage ou décès, expédiés sous forme de lettre ou sous enveloppe, ne peuvent profiter de la réduction de port autorisée par l'article 7 de la loi du 25 juin 1856 que sous les conditions suivantes :

1° Lorsqu'ils sont expédiés sous forme de lettre, ils doivent être pliés de manière que les deux extrémités restent ouvertes des deux côtés, et que leur contenu puisse être facilement vérifié ;

2° Lorsqu'ils sont expédiés sous enveloppe, les enveloppes doivent avoir été coupées et rester ouvertes du côté droit ou ne pas être cachetées ;

---

[1] Les épreuves d'imprimerie corrigées ne peuvent plus être expédiées au prix du tarif des imprimés. (Loi du 24 août 1871, art. 7.)

3° Les enveloppes renfermant les cartes de visite ne seront pas cachetées.

ART. 3. Sont admis à jouir de la modération de taxe accordée pour le transport des imprimés les objets ci-après désignés :

1° Les circulaires sur lesquelles il est ajouté après le tirage, soit au moyen d'un procédé typographique ou d'un timbre, soit à la main, des chiffres ou des mots qui ne leur ôtent pas leur caractère de circulaires et ne présentent aucun indice de correspondance personnelle ;

2° Les prix courants et mercuriales sur lesquels sont portés, par les moyens ci-dessus énoncés, les chiffres destinés à indiquer le prix des marchandises et des denrées ;

3° Les livres et brochures sur la couverture ou l'une des feuilles desquels est placée une dédicace manuscrite consistant en un simple hommage ;

4° Les premiers avertissements, les sommations sans frais et les avis officieux adressés par les percepteurs des contributions directes aux contribuables de leur circonscription, contenant les indications manuscrites que leur texte comporte ;

5° Les échantillons portant une marque de fabrique ou de marchand, et sur lesquels sont inscrits à la main des numéros d'ordre et des prix, ou auxquels sont jointes des étiquettes contenant ces indications.

ART. 4. *Sont également admis à jouir du bénéfice de la modération de taxe accordée pour le transport des imprimés dans l'intérieur de l'Empire, sous la condition d'une autorisation spéciale pour chaque ouvrage, les épreuves d'impression contenant des corrections typographiques et les manuscrits joints à ces épreuves et s'y rapportant.*

La demande pour chaque ouvrage sera présentée sur papier timbré et adressée au Directeur général des Postes [1].

ART. 5. Les paquets confiés à la Poste seront confectionnés solidement, et en même temps de manière que le contenu de chaque paquet puisse toujours être facilement et promptement vérifié ;

Les cartes, les plans et les gravures peuvent être expédiés sous forme de rouleau ou placés à plat entre deux cartons. Ces

---

[1] Voir page précédente.

objets ne seront pas fermés par des cachets, mais seulement maintenus extérieurement par des ficelles qui puissent être facilement dénouées.

Les échantillons peuvent être renfermés, lorsqu'il y a nécessité, dans des sacs en papier ou en toile, fermés par une simple ficelle facile à dénouer. Doivent en être exclus tous les objets de nature à détériorer ou à salir les correspondances où à en compromettre la sûreté.

Les paquets pesants et volumineux peuvent être consolidés par des ficelles disposées de manière à être facilement dénouées.

ART. 6. Les paquets ne doivent pas dépasser un poids maximum de 3 kilogrammes. Ils ne peuvent avoir, sur aucune de leurs faces, une dimension supérieure à 45 centimètres [1].

ART. 7. Lorsque plusieurs paquets à l'adresse d'un même destinataire, et dépassant ensemble le maximum de poids déterminé par l'article précédent, seront présentés simultanément à un bureau de poste, le directeur de ce bureau pourra en répartir l'expédition entre plusieurs courriers successifs, et invitera, à cet effet, l'expéditeur à faire connaître l'ordre dans lequel les paquets devront être expédiés.

ART. 8. Dans les cas d'accumulation de dépêches ou d'insuffisance des services établis, les paquets déposés à la poste pourront être retardés d'un, de deux et même de trois ordinaires, soit au bureau où ils auront été déposés, soit dans les bureaux par lesquels ils devront transiter.

ART. 9. Tout paquet dont la forme, le poids ou le volume rendraient impossible son transport par le moyen des facteurs, sera conservé au bureau de destination, pour y être distribué au guichet.

Seront également réservés pour être distribués au guichet, les paquets qui, bien qu'ils puissent être isolément transportés par les facteurs, ne pourraient cependant, soit en raison de leur nombre, soit en raison du volume des correspondances ordinaires, être portés à domicile par ces agents.

---

[1] Les échantillons ne doivent pas dépasser le poids de 300 grammes, et ils ne peuvent avoir en hauteur, longueur ou largeur, une dimension supérieure à 25 centimètres, à l'exception des échantillons d'étoffes collés sur papier ou sur carte mince et flexible, dont la dimension peut atteindre 45 centimètres. (Décision ministérielle du 12 novembre 1858.)

7

ART. 10. Dans les cas prévus par l'article précédent, les directeurs des Postes donneront immédiatement avis aux destinataires de l'arrivée des paquets qui, en raison de leur nombre ou de leur forme, de leur poids ou de leur volume, ne pourront être portés à domicile par les facteurs, et inviteront les destinataires à les envoyer prendre au bureau.

DÉCRET DU 12 JUILLET 1856.

Échange des journaux et autres imprimés entre la France et les pays étrangers ou les colonies, soit par l'intermédiaire des postes d'Autriche, de Grèce, ou de la Tour-et-Taxis, soit au moyen des bâtiments du commerce.

ART. 4. Les directeurs des postes des ports maritimes payeront aux capitaines des navires ordinaires de commerce, pour les journaux et autres imprimés qui seront exportés ou importés par ces navires, et qui seront distribués ou reçus par l'intermédiaire de l'Administration des Postes, savoir:

1° Pour les journaux et autres imprimés à destination des pays étrangers d'outre-mer, la somme de 1 franc par kilogramme, poids net;

2° Et pour les journaux et autres imprimés provenant tant des colonies françaises que des pays étrangers d'outre-mer, la somme de 1 franc par kilogramme, poids net.

Lorsque le poids total des imprimés exportés ou importés par un navire de commerce présentera une fraction de kilogramme, la somme à payer au capitaine dudit navire, pour cette fraction, sera de 1 centime par chaque 10 grammes ou fraction de 10 grammes.

LOI DU 17 JUIN 1857.

Subvention accordée par l'État pour l'exploitation de trois lignes de correspondance, au moyen de paquebots à vapeur, entre la France et l'Amérique.

ART. 1er. Le Ministre des finances est autorisé à s'engager, au nom de l'État, au payement d'une subvention annuelle qui ne pourra, dans aucun cas, excéder la somme de quatorze millions (14,000,000f), pour l'exploitation de trois lignes de cor-

respondance, au moyen de paquebots à vapeur, entre la France
et :

1° New-York;

2° Les Antilles, le Mexique, Aspinwall et Cayenne;

3° Le Brésil et Buénos-Ayres.

Art. 2. Cette subvention ne pourra être accordée pour plus
de vingt années consécutives; elle courra à partir de l'époque
qui sera déterminée par le cahier des charges.

Art. 3. Des décrets insérés au Bulletin des lois détermineront
le prix du port des lettres, journaux, gazettes et imprimés de
toute nature qui seront transportés par les paquebots français
transatlantiques.

LOI DU 21 MAI 1858.

Code de procédure civile. — Lettres chargées de convocation pour le règlement des ordres.

Art. 751 (nouveau). Le juge-commissaire, dans les huit
jours de sa nomination, ou le juge spécial, dans les trois jours
de la réquisition, convoque les créanciers inscrits, afin de se
régler amiablement sur la distribution du prix.

Cette convocation est faite par *lettres chargées* [1] à la poste,
expédiées par le greffier et adressées tant aux domiciles élus
par les créanciers dans les inscriptions qu'à leur domicile réel
en France; les frais en sont avancés par le requérant.

LOI DU 4 JUIN 1859.

Transport par la poste des valeurs déclarées.

Art. 1er. L'insertion, dans une lettre, de billets de banque
ou de bons, coupons de dividende et d'intérêts payables au
porteur est autorisée jusqu'à concurrence *de 2,000 francs* et
sous condition d'en faire la déclaration.

Art. 2. Cette déclaration doit être portée, en toutes lettres,

---

[1] Aujourd'hui par lettres recommandées. — Loi du 25 janvier 1873.

7.

sur la suscription de l'enveloppe, et énoncer, en francs et centimes, le montant des valeurs expédiées.

ART. 3. L'Administration des Postes est responsable jusqu'à concurrence *de 2,000 francs,* et sauf le cas de perte par force majeure, des valeurs insérées dans les lettres et déclarées conformément aux dispositions des articles 1ᵉʳ et 2 de la présente loi.

Elle est déchargée de cette responsabilité par la remise des lettres dont le destinataire ou son fondé de pouvoir a donné reçu.

En cas de contestation, l'action en responsabilité est portée devant les tribunaux civils.

ART. 4. L'expéditeur des valeurs déclarées payera d'avance, indépendamment d'un droit fixe de *20 centimes* et du port de la lettre, selon son poids, un droit proportionnel de *10 centimes* par chaque 100 francs ou fraction de 100 francs.

ART. 5. Le fait d'une déclaration frauduleuse de valeurs supérieures à la valeur réellement insérée dans une lettre, est puni d'un emprisonnement d'un mois au moins et d'un an au plus, et d'une amende de 16 francs au moins et de 500 francs au plus.

L'article 463 du Code pénal peut être appliqué au cas prévu dans le paragraphe précédent.

ART. 6. L'Administration des Postes, lorsqu'elle a remboursé le montant des valeurs déclarées non parvenues à destination, est subrogée à tous les droits du propriétaire.

Celui-ci est tenu de faire connaître à l'Administration, au moment où elle effectue le remboursement, la nature des valeurs, ainsi que toutes les circonstances qui peuvent faciliter l'exercice utile de ses droits.

ART. 7. Les valeurs de toute nature, autres que l'or ou l'argent, les bijoux ou autres effets précieux, peuvent être insérées dans les *lettres chargées,* sans déclaration préalable.

La perte des *lettres chargées* continuera à n'entraîner, pour l'Administration des Postes, que l'obligation de payer *une indemnité de 50 francs, conformément à l'article 14 de la loi du 5 nivôse an v.*

ART. 8. Le poids des lettres simples, lorsqu'elles *sont chargées*

ou qu'elles contiennent des valeurs déclarées, est porté à
10 grammes.

*En conséquence, et indépendamment du droit fixe de 20 centimes,
la taxe des lettres chargées ou de celles contenant des valeurs déclarées
circulant de bureau de poste à bureau de poste, dans l'intérieur de
la France, celles des lettres de même nature de la France pour la
Corse et l'Algérie, et réciproquement, est ainsi fixée :*

Jusqu'à 10 grammes inclusivement, 20 centimes;

*Au-dessus de 10 grammes, jusqu'à 20 grammes inclusivement,
40 centimes;*

*Au-dessus de 20 grammes, jusqu'à 100 grammes inclusivement,
80 centimes.*

*Les lettres chargées ou contenant des valeurs déclarées, dont le
poids dépasse 100 grammes, sont taxées 80 centimes par chaque
100 grammes ou fraction de 100 grammes excédant les 100 premiers grammes.*

ART. 9. Est punie d'une amende de 50 à 500 francs :

1° L'insertion dans les lettres de l'or ou de l'argent, des bijoux et autres effets précieux;

2° L'insertion des valeurs énumérées dans l'article 1er de la
présente loi dans les lettres *non chargées* ou non soumises aux
formalités prescrites par les articles 2 et 3.

La poursuite est exercée à la requête de l'Administration des
Postes, qui a le droit de transiger.

(Modifié, lois des 24 août 1871 et 25 janvier 1873.)

ARRÊTÉ MINISTÉRIEL DU 6 JUILLET 1859.

*Exécution de la loi concernant le transport, par la poste,
des valeurs déclarées.*

ART. 1er. Les particuliers qui voudront profiter des facilités
offertes par la loi du 4 juin 1859, concernant le transport par
la poste des valeurs payables au porteur, devront présenter à la
formalité du chargement les lettres dans lesquelles seront insérés des billets de banque ou des bons, coupons de dividende ou
d'intérêts payables au porteur.

ART. 2. Lorsque l'expéditeur voudra s'assurer, en cas de
perte, le remboursement intégral, jusqu'à concurrence de

2,000 francs, des valeurs insérées dans les lettres présentées à la formalité du chargement, il fera la déclaration de ces valeurs sur la suscription de l'enveloppe de la lettre, et, autant que possible, à l'angle gauche supérieur.

Cette déclaration énoncera en francs et centimes, et en toutes lettres, le montant de la valeur insérée; elle ne contiendra aucune autre indication.

ART. 3. Lorsque la valeur insérée consistera soit en coupons d'intérêts ou de dividende payables au porteur, adhérents au titre du capital; soit en un titre sur la simple présentation duquel le payement, au porteur, de l'intérêt ou du dividende peut être immédiatement effectué, l'évaluation à faire pour la déclaration sera déterminée par le montant des sommes échues et payables au porteur, et non par le capital du titre.

ART. 4. Les lettres contenant des valeurs déclarées seront remises au guichet des préposés des postes, qui percevront, en outre du prix d'affranchissement *déterminé par l'article 8 de la loi du 4 juin 1859,* selon le poids de la lettre, et du droit fixe *de 20 centimes* pour son chargement, un droit *de 10 centimes* pour chaque 100 francs ou fraction de 100 francs.

ART. 5. Il sera donné reçu de la lettre à l'expéditeur avec mention de la somme déclarée : ce reçu sera détaché d'un registre à souche et portera un numéro d'ordre.

Le numéro d'ordre du reçu sera inscrit sur la lettre au recto de l'enveloppe.

ART. 6. Toutes les formalités prescrites par les règlements pour le service des lettres chargées sont applicables aux lettres contenant des valeurs déclarées.

ART. 7. Les lettres contenant des valeurs déclarées sont portées à domicile par les facteurs.

Néanmoins, lorsque ces lettres seront distribuables dans l'arrondissement rural d'un bureau de direction ou de distribution, elles ne seront délivrées qu'au guichet sur avis envoyé gratuitement aux destinataires [1].

ART. 8. L'expéditeur d'une lettre chargée, contenant ou non des valeurs déclarées, pourra demander, au moment où il dé-

---

[1] La distribution a lieu maintenant à domicile par l'intermédiaire des facteurs. (Déc. min. du 13 février 1869.)

pose la lettre, qu'il lui soit donné avis de sa réception par le destinataire; à cet effet, il payera d'avance pour l'affranchissement de l'avis, *le droit de 10 centimes fixé par l'article 8 de la loi du 27 frimaire an* VIII. Il sera fait mention de ce payement sur le reçu délivré à l'expéditeur.

ART. 9. Les dispositions de la loi du 4 juin 1859 ne sont pas applicables aux lettres de ou pour l'étranger.

Ces lettres restent soumises aux règles établies par les conventions passées avec les offices des pays d'où elles proviennent, ou auxquels elles sont destinées.

ART. 10. En cas de perte de lettre contenant des valeurs déclarées (le cas de force majeure excepté), l'Administration des Postes rembourse en numéraire le montant des valeurs déclarées, sur la réclamation qui lui en est faite.

Le remboursement a lieu entre les mains du destinataire.

A défaut de réclamation de la part du destinataire, dans le délai d'un mois à partir de la perte de la lettre, le remboursement est effectué entre les mains de la personne qui justifie avoir fait le dépôt.

ART. 11. Le mandat de remboursement est délivré après décision du conseil de l'Administration des Postes, approuvée par le ministre des finances.

ART. 12. Au moment du remboursement, la partie prenante sera tenue de consigner, par écrit, sur une formule préparée par l'Administration, les renseignements propres à faciliter la recherche des valeurs perdues, et de subroger l'Administration à tous les droits du propriétaire, conformément à l'article 6 de la loi du 4 juin 1859.

ART. 13. Les lettres *non chargées*, que des signes extérieurs signaleraient évidemment comme contenant de l'or ou de l'argent, des bijoux et autres effets précieux, des billets de banque ou des bons, coupons de dividende et d'intérêts payables au porteur, seront adressées, sous chargement d'office, au préposé du bureau de destination.

Le destinataire sera invité à se rendre au bureau pour procéder à l'ouverture de la lettre. S'il résulte de la vérification, qu'elle ne contient pas de valeurs prohibées, elle sera immédiatement remise au destinataire.

Dans le cas contraire, procès-verbal sera dressé de la contravention et transmis à l'Administration centrale; la lettre et les valeurs seront remises au destinataire, s'il consent à donner le nom et l'adresse de l'expéditeur.

Si le destinataire refuse de venir au bureau, d'ouvrir la lettre, ou de donner, en cas de contravention, le nom et l'adresse de l'expéditeur, procès-verbal de son refus sera dressé, la lettre et son contenu seront saisis et transmis, avec le procès-verbal, au procureur impérial du tribunal dans le ressort duquel est situé le bureau d'origine.

ART. 14. Les prescriptions de l'article qui précède sont applicables aux lettres chargées qui seraient reconnues contenir de l'or, de l'argent, des bijoux et autres effets précieux.

ART. 15. Les agents des postes dresseront procès-verbal des délits et contraventions prévus par les articles 5 et 9 de la loi du 4 juin 1859, qu'ils découvriraient dans leur service.

ART. 16. Il est expressément défendu, sous les peines portées par l'article 9 de la loi du 4 juin 1859, d'insérer, dans les chargements en franchise, de l'or ou de l'argent, des bijoux et autres effets précieux, des billets de banque ou des bons, coupons de dividende et d'intérêts payables au porteur [1].

La perte d'un chargement en franchise ne donne lieu à aucune indemnité.

ART. 17. *Le produit du droit proportionnel des valeurs déclarées et des valeurs cotées formera un article spécial de recette dans la comptabilité des directeurs des postes* [2].

(Modifié : lois des 24 août 1871 et 25 janvier 1873.)

DÉCRET DU 7 FÉVRIER 1860.

Séparation du service des postes et du service de la trésorerie en Algérie.

ART. 1er. Le service des postes en Algérie est séparé du service de la trésorerie; il est placé dans les attributions du ministère de l'Algérie et des colonies [3].

---

[1] A moins d'autorisation expresse ou d'exception prévue au Manuel des franchises.

[2] Article abrogé par décision ministérielle du 16 avril 1870. Le droit proportionnel est perçu maintenant en timbres-postes et ne forme plus d'article spécial de recette.

[3] Attributions transférées au gouverneur général de l'Algérie par l'article 1er du décret du 10 décembre 1860.

DÉCRET DU 10 MARS 1860.

Service des postes en Algérie.

TITRE 1ᵉʳ. — ORGANISATION.

Art. 1ᵉʳ. Le service des postes en Algérie est organisé dans chaque province ainsi qu'il suit :

1° Un *inspecteur*, chef du service et ordonnateur secondaire, est chargé de toutes les attributions relatives à l'organisation, la surveillance, la vérification et le contrôle;

2° *Un directeur comptable*, résidant au chef-lieu, dirige le bureau de poste et centralise la comptabilité des autres directions de la province. Les attributions de cet agent sont les mêmes que celles des agents de son grade dans la métropole.

3° Des *directeurs* de bureaux composés et de bureaux simples, des sous-inspecteurs, des contrôleurs, des commis principaux, des commis, des distributeurs, des distributeurs-entreposeurs, des brigadiers facteurs, des gardiens de bureau, des facteurs-boîtiers, des facteurs de ville, locaux et ruraux, des gardiens d'entrepôts de dépêches, sont chargés de l'exécution des diverses parties du service.

Le nombre de ces agents est déterminé par arrêtés *de notre Ministre secrétaire d'État au département de l'Algérie et des colonies.*

Art. 2. Les agents du service des postes en Algérie sont, en ce qui concerne les droits et les devoirs, la responsabilité et le classement hiérarchique, dans des conditions identiques à celles qui sont déterminées pour le personnel métropolitain par l'Instruction générale sur le service des postes, les règlements et circulaires de l'Administration générale des Postes, qui leur deviennent applicables dans toutes leurs parties.

Art. 3. Les *inspecteurs, directeurs comptables, directeurs*, sous-inspecteurs, contrôleurs, commis principaux, commis et brigadiers-facteurs sont pris dans les cadres du personnel métropolitain, dont ils continuent à faire partie pendant la durée de leur service en Algérie.

Art. 4. *Les inspecteurs, directeurs comptables, directeurs* de bureaux composés, sous-inspecteurs et contrôleurs sont nommés par le Ministre des finances, sur la proposition du directeur général des postes.

Les commis principaux, les commis, les *directeurs* de bureaux simples et les brigadiers-facteurs sont nommés par le directeur général des postes.

Aucun agent nommé à l'un des grades indiqués ci-dessus ne peut exercer ses fonctions en Algérie et y jouir des émoluments et allocations afférents audit grade qu'autant que sa commission est visée par *notre Ministre secrétaire d'État de l'Algérie et des colonies*.

ART. 5. Les traitements affectés à chaque emploi sont fixés suivant les règles et la classification adoptées dans la métropole.

Toutefois, les *directeurs* des bureaux simples et les commis ne pourront avoir un traitement moindre de 1,200 francs.

Les surnuméraires toucheront une indemnité coloniale de 1,200 francs.

ART. 6. Conformément à ce qui a été réglé par l'ordonnance du 15 avril 1845 pour le personnel continental détaché en Algérie, une indemnité coloniale égale au quart du traitement de France est allouée à tous les agents jusques et y compris le grade de commis.

ART. 7. Les frais de déplacement des *inspecteurs* pour leurs tournées périodiques sont réglés par abonnement au commencement de chaque année.

Quant aux déplacements extraordinaires, des indemnités fixées d'après un tarif spécial pourront, sur l'avis du directeur général des postes, être allouées *par le Ministre de l'Algérie et des colonies*, sur la production d'un état de frais indiquant le but et les résultats du déplacement.

ART. 8. Le préfet, en territoire civil, et le général commandant la division territoriale, en territoire militaire, nomment, sur la proposition *de l'inspecteur* des postes, les distributeurs, distributeurs-entreposeurs, facteurs-boîtiers, facteurs de ville, locaux et ruraux.

ART. 9. Les agents subalternes recrutés dans la colonie même ne touchent pas le supplément colonial du quart en sus, à l'exception des brigadiers-facteurs, qui pourront être admis à jouir de cette indemnité.

ART. 10. L'uniforme des agents sera réglé par arrêté *de notre*

Ministre secrétaire d'État de l'Algérie et des colonies, de concert avec l'Administration générale des Postes.

ART. 11. *Le Ministre de l'Algérie et des colonies* statue sur l'organisation générale du service, sur le nombre et la nature des emplois, sur la création, la suppression ou la modification des établissements de poste, tels que *directions,* distributions, distributions-entrepôts, bureaux gérés par un facteur-boîtier.

Il statue également sur tout ce qui, à un titre quelconque, engage une dépense à la charge du budget de l'Algérie *et des colonies.*

Il règle le service du transport des dépêches et passe les marchés destinés à assurer ce service.

ART. 12. *Le Ministre de l'Algérie et des colonies* reçoit, chaque mois, des *inspecteurs* un rapport sommaire sur l'état des affaires qui touchent à la moralité des agents et à la sécurité des dépêches. Il reçoit, à la fin de chaque trimestre, des notes sur le personnel, qu'il transmet, après examen, à la direction générale des postes, et en fin d'année un rapport d'ensemble sur l'exécution du service dans chaque province.

Il reçoit également toute la correspondance relative au service postal.

Néanmoins le directeur général des postes correspond avec les *inspecteurs* pour tout ce qui concerne la surveillance du personnel, les infractions aux règlements et instructions sur le service de la manipulation des dépêches, la police de ce service et les enquêtes ou recherches à faire par suite de pertes ou réclamations.

Il transmet aux fonctionnaires et agents du service des postes les instructions et circulaires modificatives ou interprétatives des règlements qui sont communs à l'Algérie et au service continental. Il correspond avec eux pour ce qui se rapporte au mode d'exécution desdites circulaires et instructions.

Les instructions spéciales au service de l'Algérie sont soumises à l'approbation du *Ministre de l'Algérie et des colonies.*

ART. 13. Les peines disciplinaires sont prononcées par le conseil d'administration des postes métropolitaines.

Les décisions du conseil d'administration ne sont exécutoires qu'après l'approbation du *Ministre de l'Algérie et des colonies.*

ART. 14. La révision mensuelle du compte du produit des

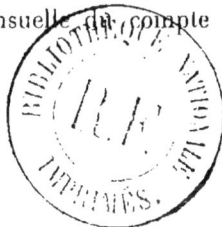

taxes est faite par la direction générale des postes, qui reçoit à cet effet, des inspecteurs, les pièces nécessaires à cette révision.

Les *inspecteurs* transmettent en même temps à *notre Ministre secrétaire d'État de l'Algérie et des colonies* un relevé sommaire des produits réalisés dans le mois écoulé.

Art. 15. Les rapports des fonctionnaires et agents avec les autorités sont déterminés par l'Instruction générale et les règlements de l'Administration des Postes métropolitaines.

Art. 16. En cas d'insuffisance de fonds pour le service des articles d'argent, les comptables des postes sont autorisés à réclamer des fonds de subvention des payeurs du Trésor et des comptables des autres administrations financières fonctionnant en Algérie.

L'exercice de cette faculté est soumis aux mêmes restrictions et formalités qu'en France.

TITRE II. — Comptabilité.

Art. 17. Les règles tracées par l'ordonnance du 2 janvier 1846, sur la comptabilité en Algérie, sont applicables au service des postes en ce qui concerne l'encaissement des produits du Trésor et le payement des dépenses imputables sur les crédits ouverts au budget de l'État (dépenses publiques).

Art. 18. Les *inspecteurs* rempliront, dans chaque province, les fonctions d'ordonnateurs secondaires. Ils délivreront, pour les dépenses du service, des mandats en vertu des ordonnances de délégation *de notre Ministre secrétaire d'État au département de l'Algérie et des colonies.* Ces mandats seront acquittés par les trésoriers payeurs et leurs préposés.

Néanmoins, pour la facilité des parties prenantes, les mandats pourront être, sur l'indication de l'inspecteur, visés par les agents de la trésorerie, pour être payés par les comptables des postes ou ceux des autres régies financières.

Art. 19. Les produits du service des postes sont versés par les *directeurs* des postes aux époques prescrites par l'article 95 de l'ordonnance du 2 janvier 1846, et selon les conditions indiquées dans l'Instruction genérale des postes (2° partie).

Art. 20. Les *inspecteurs*, les *directeurs comptables*, les trésoriers, sont soumis, en ce qui concerne les opérations de comptabilité, les communications *avec le département de l'Algérie et des colonies* et le département des finances, à toutes les obligations imposées par ladite ordonnance du 2 janvier 1846 au directeur des finances et du commerce, aux chefs de service des régies et aux comptables.

Art. 21. Pour tout ce qui n'est pas contraire aux principes posés dans les quatre articles précédents, le mode de comptabilité en usage en France dans le service des postes sera suivi en Algérie.

Les modifications que ce mode peut être appelé à subir par suite de l'application desdits principes seront déterminées par un règlement concerté entre *le département de l'Algérie et des colonies* et le département des finances.

TITRE III. — Dispositions transitoires.

Art. 22. Les dispositions actuellement en vigueur en Algérie pour l'exécution du service et le mode de comptabilité continueront à être exécutées jusqu'à la remise effective du service au Ministre de l'Algérie et des colonies ou à ses délégués.

Les mesures à prendre pour la remise du service seront concertées entre le département de l'Algérie et des colonies et celui des finances.

Art. 23. Par exception aux dispositions prévues dans le § 1er de l'article 1er, le service des trois provinces pourra être provisoirement dirigé par un seul inspecteur résidant à Alger.

Art. 24. Les traités passés par notre Ministre des finances, antérieurement au présent décret, pour le transport des dépêches et les autres besoins du service, recevront leur entière exécution.

TITRE IV. — Dispositions générales.

Art. 25. Sont abrogées toutes les dispositions contraires au présent décret.

(Modifié. Décrets du 10 décembre 1860 (constitution du gouvernement général de l'Algérie) et du 27 novembre 1864.)

DÉCRET DU 13 JUIN 1860.
Perception des impôts dans la Savoie et l'arrondissement de Nice.

Art. 4. La taxe des lettres ordinaires ou chargées, journaux, imprimés, échantillons, valeurs cotées ou déclarées, le droit

dû pour les envois d'articles d'argent, seront reçus conformé‧
ment aux lois et tarifs en vigueur en France.

LOI DU 2 MAI 1861.

Exemption de timbre et de droits de poste pour les suppléments de journaux
lorsqu'ils sont exclusivement consacrés à la publication des débats légis‧
latifs.

ART. 1er. Sont exempts *de timbre* et de droits de poste les sup‑
pléments des journaux, lorsque ces suppléments sont *exclusive‑
ment* consacrés, soit à la publication des débats législatifs,
reproduits par la sténographie ou par le compte rendu, confor‑
mément à l'article 42 de la Constitution, soit à l'insertion des
exposés des motifs de projets de loi ou de sénatus-consultes, des
rapports des commissions ou des documents officiels déposés
au nom du Gouvernement sur le bureau du Sénat et du Corps
législatif.

Pour jouir de l'exemption susénoncée, les suppléments
doivent être publiés sur feuilles détachées du journal.

La même exemption s'appliquera aux suppléments des jour‑
naux non quotidiens des départements autres que ceux de la
Seine et de Seine-et-Oise, publiés en dehors des conditions de
périodicité déterminées par leur cautionnement et leur autori‑
sation.

(Modifié. Loi du 11 mai 1868 et décret du 5 septembre 1870.)

DÉCRET DU 11 MAI 1861.

Exemption de tout droit de poste, à raison de leur parcours sur le territoire
de la métropole et sur le territoire colonial, pour les suppléments de journaux
expédiés de France pour les colonies françaises, lorsque ces suppléments
sont consacrés à la publication des débats législatifs.

ART. 1er Sont exempts de tout droit de poste, à raison de
leur parcours sur le territoire de la métropole et sur le territoire
colonial, les suppléments de journaux expédiés de France pour
les colonies françaises, lorsque ces suppléments sont exclusive‑
ment consacrés, soit à la publication des débats législatifs, re‑
produits par la sténographie ou par le compte rendu, confor‑
mément à l'article 42 de la Constitution, soit à l'insertion des

exposés de motifs de projets de lois ou de sénatus-consultes, des rapports de commissions et des documents officiels déposés au nom du Gouvernement sur le bureau du Sénat et du Corps législatif. Pour jouir de l'exemption susénoncée, les suppléments doivent être publiés sur feuilles détachées du journal. La même exemption s'appliquera aux suppléments des journaux non quotidiens des départements autres que ceux de la Seine et de Seine-et-Oise, publiés en dehors des conditions de périodicité déterminées par leur cautionnement et leur autorisation.

ART. 2. Les taxes dont sont passibles, à raison de leur parcours entre le port métropolitain d'embarquement et le port colonial de débarquement, les imprimés de toute nature expédiés de France pour les colonies françaises, continueront à être applicables aux suppléments de journaux désignés dans l'article précédent.

ART. 3. Sont abrogées, en ce qu'elles ont de contraire au présent décret, les dispositions de nos décrets susvisés des 26 novembre 1856, 10 octobre et 13 novembre 1859 et 12 janvier 1861.

LOI DE FINANCES DU 28 JUIN 1861 [1].

Taxes des lettres circulant de bureau à bureau. — Changement
dans la progression de poids.

ART. 18. A dater du 1er juin 1862, la taxe des lettres ordinaires circulant de bureau à bureau dans l'intérieur de la France, et celle des lettres de même nature de la France pour la Corse et l'Algérie et réciproquement, sera ainsi fixée :

Jusqu'à 10 grammes inclusivement.	Lettres affranchies.........	0f 20c
	Lettres non affranchies	0 30
Au-dessus de 10 grammes jusqu'à 20 grammes inclusivement.....	Lettres affranchies.........	0 40
	Lettres non affranchies	0 60
Au dessus de 20 grammes jusqu'à 100 grammes inclusivement.......	Lettres affranchies.........	0 80
	Lettres non affranchies	1 20
Au-dessus de 100 grammes et par chaque 100 grammes ou fraction de 100 gr. excédant..................	Lettres affranchies.........	0 80
	Lettres non affranchies.....	1 20

(Modifié. Loi du 24 août 1871, art. 1er.)

---

[1] La loi du 28 juin 1861 porte à 10 grammes le poids maximum de la lettre simple et modifie la progression de poids.

LOI DU 3 JUILLET 1861.

Télégraphie privée.

ART. 4. Le port des dépêches à domicile ou au bureau de poste dans le lieu d'arrivée est gratuit.

Tout ce qui concerne l'envoi des dépêches au delà du lieu d'arrivée, soit par la poste, soit par exprès, *soit par estafette*, lorsque ce service est possible, soit par tout autre moyen de transport, enfin les mesures propres à faire concourir au service des dépêches télégraphiques celui de l'Administration des Postes, seront déterminés par des règlements d'administration publique concertés, en ce qui concerne le service des postes, avec le Ministre des finances.

(Voir les articles 26 et 36 du décret du 8 mai 1867 en note sous le décret du 25 mai 1870. — Service des estafettes supprimé définitivement par décision ministérielle du 4 mars 1873.)

LOI DE FINANCES DU 2 JUILLET 1862.

Taxe à percevoir sur les envois de fonds et sur la valeur des objets précieux confiés à la poste. Taxe des lettres nées et distribuables dans la circonscription d'un bureau de poste [1].

ART. 29. A partir du 1er janvier 1863, la taxe à percevoir sur les envois de fonds ou *sur la valeur des objets précieux confiés à la poste*, sera fixée à 1 p. o/o du montant des envois ou *de la valeur des objets*.

A partir de la même époque, la taxe des lettres originaires d'un bureau de poste et distribuables dans la circonscription du même bureau sera fixée ainsi qu'il suit :

Jusqu'à 10 grammes inclusivement.	Lettres affranchies.........	0f 10c
	Lettres non affranchies.....	0 15
Au-dessus de 10 grammes jusqu'à 20 grammes inclusivement.....	Lettres affranchies.........	0 20
	Lettres non affranchies......	0 30
Au-dessus de 20 grammes jusqu'à 100 grammes inclusivement.....	Lettres affranchies.........	0 40
	Lettres non affranchies......	0 60
Au-dessus de 100 grammes et par chaque fraction de 100 grammes...	Lettres affranchies.........	0 40
	Lettres non affranchies.....	0 60

(Modifié. Lois du 24 août 1871, art. 2, et du 25 janvier 1873, art. 8.)

---

[1] La loi du 2 juillet 1862 établit l'uniformité de poids pour la taxe des lettres, Paris excepté.

LOI DU 9 MAI 1863.

Taxe supplémentaire sur les lettres expédiées après les dernières levées.

ART. 1er. Les lettres déposées après les heures fixées pour les dernières levées peuvent être admises, dans les délais déterminés et moyennant une taxe supplémentaire, à profiter du plus prochain départ.

ART. 2. La durée des délais pendant lesquels les lettres sont admises à la taxe supplémentaire sera fixée par des décrets impériaux insérés au Bulletin des lois.

ART. 3. La taxe supplémentaire, quel que soit le poids des lettres, sera de :

20 centimes pour le premier délai ;

40 centimes pour le deuxième délai ;

60 centimes pour le troisième et dernier délai.

Les lettres ne seront admises à profiter des délais accordés qu'autant qu'elles porteront le timbre d'affranchissement de la taxe principale et de la taxe supplémentaire.

(Voir ci-après décrets des 16 mai 1863, 24 juillet 1870, 17 août 1872, et 31 mai 1873.)

DÉCRET DU 16 MAI 1863.

Fixation des délais pendant lesquels les lettres déposées dans les boîtes des bureaux de poste de Paris après les levées générales pourront être expédiées moyennant une taxe supplémentaire.

ART. 1er. Sont fixés ainsi qu'il suit les délais pendant lesquels les lettres déposées après les levées générales pourront être expédiées, moyennant une taxe supplémentaire :

Premier délai (taxe supplémentaire de 20 centimes), le premier quart d'heure qui suit la dernière levée générale ;

Deuxième délai (taxe supplémentaire de 40 centimes), le quart d'heure suivant ;

Troisième délai (taxe supplémentaire de 60 centimes), jusqu'à la clôture des dépêches.

ART. 2. Provisoirement, les dispositions du présent décret ne seront applicables qu'à Paris pour les courriers du soir, et dans les bureaux qui seront désignés par le directeur général des postes.

(Application de la loi du 9 mai 1863.)

8

LOI DE FINANCES DU 8 JUIN 1864.

Timbre des reconnaissances de valeurs cotées et des mandats d'articles d'argent.

Art. 6. A partir du 1ᵉʳ janvier 1865, est réduit *à 20 centimes* le droit de timbre dû pour les *reconnaissances de valeurs cotées* ou les quittances de sommes au-dessus de 10 francs envoyées par l'Administration des Postes.

(Modifié, Lois du 23 août 1871 et du 25 janvier 1873.)

DÉCRET DU 27 NOVEMBRE 1864.

Changement de dénomination de divers emplois.

Art. 1ᵉʳ. Les chefs du service des postes dans les départements, qui portent aujourd'hui le titre d'inspecteurs, prendront celui de directeurs. Tous les établissements de poste du département dans lequel ils exercent leurs fonctions sont placés sous leurs ordres.

Art. 2. La dénomination actuelle de directeur des Postes sera remplacée par celle de receveur des postes.

Les directeurs comptables prendront le titre de receveurs principaux.

Les receveurs des postes remplissent leurs fonctions sous l'autorité des directeurs chefs de service.

Art. 3. Le service des postes dans le département de la Seine recevra une organisation semblable à celle des autres départements de l'Empire.

Art. 4. Les dispositions des décrets des *31 octobre 1850 et 9 mai 1864, relatives au cautionnement des directeurs des postes, sont applicables aux receveurs des postes.*

Le receveur principal de la Seine fournira, comme agent comptable de ce département, un cautionnement de 75,000 francs.

(Modifié. Décret du 26 décembre 1868.)

DÉCRET DU 2 NOVEMBRE 1865.

Exécution de la convention conclue le 1ᵉʳ mars 1865, entre la France
et la Belgique et relative à l'échange des mandats de poste.

ART. 1ᵉʳ. Des envois de fonds pourront être faits par la voie
de la poste, tant de la France et de l'Algérie pour la Belgique
que de la Belgique pour la France et l'Algérie.

Ces envois s'effectueront au moyen de mandats spéciaux dits
mandats d'articles d'argent sur l'étranger, tirés par des bureaux de
l'Administration des Postes de France sur des bureaux de l'Administration des Postes de Belgique, et réciproquement.

La propriété de ces mandats sera transmissible par voie d'en-
dossement.

Aucun mandat ne pourra excéder la somme de 200 francs.

ART. 2. Il sera perçu, pour chaque envoi de fonds effectué en
conformité des dispositions de l'article précédent, une taxe de
20 centimes par 10 francs ou fraction de 10 francs, laquelle
taxe devra être payée par l'envoyeur.

ART. 3. L'Administration des Postes de France et l'Administration des postes de Belgique désigneront, d'un commun
accord, les bureaux de Poste qui devront délivrer et payer les
mandats à émettre en vertu de l'article 1ᵉʳ.

ART. 4. Le bureau qui émettra un mandat international
adressera au bureau chargé de payer ce mandat un avis expri-
mant très-lisiblement et en toutes lettres, savoir :

1° Le nom du bureau expéditeur ;

2° Le nom du bureau et du pays de destination ;

3° La somme que ce dernier bureau devra payer au bénéfi-
ciaire du mandat ou à ses ayants droit;

4° Les nom et prénoms de la personne au profit de laquelle
le mandat aura été délivré ;

5° Les nom et prénoms de la personne qui aura effectué le
versement donnant lieu au mandat.

ART. 5. Le payement des mandats d'articles d'argent dont
l'émission est autorisée par le présent décret ne pourra être
exigé qu'au bureau de poste désigné sur le mandat comme
chargé d'en acquitter le montant après l'arrivée à ce bureau de
l'avis mentionné dans l'article précédent.

8.

ART. 6. Les mandats dont le payement n'aura pu être effectué par l'une des causes suivantes :

1° Différences ou omissions de noms, de sommes, tant sur l'avis que sur le mandat,

2° Omission de timbres,

Seront régularisés par les soins de l'administration qui aura émis le mandat.

ART. 7. Les mandats d'articles d'argent tirés par les bureaux de l'Administration des Postes de France sur les bureaux de l'Administration des Postes de Belgique, et *vice versa*, seront valables pendant un délai de trois mois, à partir du jour de leur émission.

Passé ce terme, ils ne pourront plus être payés que sur un visa pour-date donné par l'Administration centrale des Postes du pays dont dépendront les bureaux qui auront émis les mandats.

ART. 8. Tout mandat émis en vertu du présent décret pourra être remboursé à l'envoyeur dans les délais fixés par l'article précédent, sur la production du titre du bureau qui l'aura délivré, mais seulement après la rentrée à ce bureau de l'avis d'émission désigné dans l'article 4.

ART. 9. Les mandats égarés, perdus ou détruits, pourront être remplacés par des autorisations de payement que délivrera l'Administration qui aura émis ces mandats, lorsqu'il aura été constaté qu'ils n'ont été ni payés, ni remboursés.

Ces autorisations ne pourront être délivrées que cinq mois, au plus tôt, après la date de l'émission des mandats qu'elles remplaceront.

ART. 10. L'envoyeur d'un mandat égaré, perdu ou détruit, pourra en obtenir le remboursement pourvu qu'il produise, à l'appui de la demande en remboursement, une déclaration du destinataire portant que le mandat n'a pas été aliéné, qu'il ne lui est pas parvenu, ou qu'il a été détruit après sa réception.

ART. 11. Les sommes déposées en échange de mandats d'articles d'argent, émis conformément à l'article 1er du présent décret et dont le montant n'aura pas été réclamé par les ayants droit dans un délai de huit années, à partir du versement des fonds, seront définitivement acquises à l'Administration qui aura délivré ces mandats.

Art. 12. Les dispositions du présent décret seront exécutoires à partir du 1er janvier 1866 [1].

LOI DU 11 MAI 1868.
Sur la presse.

Art. 5. Sont exempts *de timbre* et de droits de poste les suppléments des journaux ou écrits périodiques assujettis au cautionnement, lorsque ces suppléments ne comprennent aucune annonce, de quelque nature qu'elle soit et quelque place qu'elle y occupe, et que la moitié au moins de leur superficie est consacrée à la reproduction des documents énumérés en l'article 1er de la loi du 2 mai 1861.

(Droit de timbre aboli par le décret du 5 septembre 1870.)

LOI DU 4 JUILLET 1868.
Taxes des dépêches télégraphiques privées.

Art. 4. Un règlement d'administration publique déterminera les mesures propres à faire concourir le service télégraphique aux envois d'argent par la poste.

(Voir ci-après décret du 26 mai 1870.)

DÉCRET DU 26 DÉCEMBRE 1868.
Cautionnements des comptables des postes.

Art. 1er. Les cautionnements des receveurs des postes, dans les départements et en Algérie, seront fixés, à l'avenir, d'après

---

[1] Des conventions relatives à l'échange des mandats de poste ont été conclues avec l'Italie le 8 avril 1864, avec la Belgique, le 1er mars 1865, avec la Suisse, le 22 mars 1865, avec le duché de Luxembourg, le 28 janvier 1868, avec la Grande-Bretagne le 30 avril 1870. Les décrets rendus par l'exécution des conventions conclues avec la Belgique, la Suisse et le Luxembourg sont rédigés en termes identiques. Les articles 8 et 10 relatifs au remboursement des mandats aux envoyeurs ne figurent pas dans le décret qui concerne l'Italie. — Le traité conclu avec la Grande-Bretagne a été approuvé par la loi du 28 juillet 1870 et promulgué le 9 août suivant; mais son application, provisoirement restreinte aux rapports entre le bureau de Paris et les bureaux britanniques, ne doit être étendue qu'à partir du 1er avril 1875 à tous les bureaux français autorisés à délivrer des mandats sur l'étranger et à payer les mandats étrangers.

le montant total des recettes de toute nature effectuées pendant l'année qui aura précédé la nomination, et dans la proportion de :

10 p. o/o jusqu'à 50,000 francs;

4 p. o/o sur les 150,000 suivants;

1 p. o/o sur les 800,000 qui viennent ensuite;

1/2 p. o/o sur le surplus.

Le minimum de 500 francs est maintenu pour les cautionnements des bureaux les plus faibles.

Conformément aux dispositions des décrets du 31 octobre 1850 et du 27 novembre 1864, les comptables des postes, à Paris, continueront à fournir un cautionnement égal à la recette réalisée dans leur bureau pendant trois jours.

Le cautionnement du receveur principal du département de la Seine restera fixé à 75,000 francs.

SÉNATUS-CONSULTE DES 8-10 SEPTEMBRE 1869.

Modification de divers articles de la Constitution, du sénatus-consulte du 25 décembre 1852 et du sénatus-consulte du 31 décembre 1861.

ART. 10. Les modifications apportées à l'avenir à des tarifs de douanes ou de postes par des traités internationaux ne seront obligatoires qu'en vertu d'une loi [1].

DÉCRET DU 25 MAI 1870.

Règlement d'Administration publique pour l'exécution de l'article 4 de la loi du 4 juillet 1868, relatif à l'emploi du télégraphe dans la transmission des mandats d'articles d'argent délivrés par les bureaux de poste.

ART. 1er. Le public est admis à employer la voie télégraphique pour faire payer à destination, jusqu'à concurrence de cinq mille francs (5,000f) au maximum, les sommes déposées dans les bureaux de poste.

Des mandats sont délivrés, transmis et payés dans les bureaux spécialement désignés à cet effet par l'Administration des lignes télégraphiques et par celle des postes.

---

[1] Article reproduit textuellement dans le sénatus-consulte des 21-22 mai 1870, fixant la Constitution de l'Empire (art. 18).

Ces mandats, qui doivent contenir la double indication en toutes lettres et en chiffres de la somme versée, sont délivrés par le receveur des postes et servent de minute originale pour la transmission télégraphique.

ART. 2. Les mandats établis par les receveurs des postes sont signés par le déposant, qui ne peut y apporter aucune modification.

Ils sont ensuite remis au déposant, qui reste chargé d'en requérir la transmission télégraphique.

Cette transmission est effectuée en son nom.

ART. 3. Le dépôt des mandats a lieu au guichet des bureaux télégraphiques moyennant l'affranchissement intégral prescrit par le paragraphe 1er de l'article 36 de notre décret du 8 mai 1867 [1].

ART. 4. Au lieu de destination, le bureau télégraphique expédie le mandat-dépêche au bureau de poste chargé d'en effectuer le payement et donne avis de cette expédition au titulaire du mandat.

ART. 5. Les taxes sont perçues, — pour le dépôt des fonds, d'après le tarif de l'Administration des Postes, — pour la transmission télégraphique, d'après le tarif fixé par la loi pour les dépêches ordinaires.

L'expéditeur devra payer, en outre, conformément à l'article 4 de la loi du 28 mai 1853 [2], le coût de l'avis donné en vertu de l'article précédent, lequel a été fixé à 50 centimes, plus, s'il y a lieu, les frais d'exprès déterminés par l'article 26 de notre décret du 8 mai 1867 [3].

---

[1] Décret du 8 mai 1867, article 36, § 1er. — Les dépêches présentées au guichet ne sont acceptées que si elles sont intégralement affranchies.

[2] Loi du 28 mai 1853, article 4. — Quand une dépêche est adressée à plusieurs destinataires dans la même ville, la taxe est augmentée, pour frais de copies, d'autant de fois 50 centimes qu'il y a de destinataires moins un.

[3] Décret du 8 mai 1867, article 26.—Pour toute dépêche à expédier par exprès hors du lieu d'arrivée, il est perçu une somme fixe de 50 centimes pour chaque kilomètre. La taxe de l'exprès est perçue, au départ, au guichet du bureau télégraphique. Toutefois, la taxe est perçue sur le destinataire lorsque l'envoi par exprès a été demandé par lui en vue de dépêches attendues. La taxe d'exprès est calculée d'après la distance réelle, et cette distance se compte, pour les habitations agglomérées du bureau d'arrivée au centre de l'agglomération, et, pour les habitations isolées, du bureau d'arrivée au lieu même de destination.

ART. 6. La transmission des mandats est soumise à toutes les règles applicables aux dépêches privées, et notamment aux dispositions de l'article 6 de la loi du 29 novembre 1850 [1].

DÉCRET DU 24 JUILLET 1870.

Fixation des délais pendant lesquels les lettres déposées dans les boîtes des bureaux de poste de Marseille après les levées générales pourront être expédiées moyennant une taxe supplémentaire.

ART. 1er. Les dispositions de notre décret du 16 mai 1863 sont applicables à la ville de Marseille (Bouches-du-Rhône).

(Voir ci-dessus décret du 16 mai 1863 et loi du 9 mai 1863.)

LOI DE FINANCES DU 27 JUILLET 1870.

Suppression de la dotation du service de l'inspection des postes créé par le décret du 4 décembre 1864.

DÉCRET DU 5 SEPTEMBRE 1870.

Suppression de l'impôt du timbre sur les journaux.

ARTICLE UNIQUE. L'impôt du timbre sur les journaux ou autres publications est aboli.

DECRET DU 16 OCTOBRE 1870 (Tours).

Assimilation, quant au monopole, des journaux politiques aux journaux non politiques.

ARTICLE UNIQUE. L'article 2 de la loi du 25 juin 1856 est modifié en ce qui touche le privilége accordé par le paragraphe 3 dudit article aux ouvrages périodiques consacrés aux lettres, aux sciences, aux arts, à l'agriculture ou à l'industrie.

---

[1] Loi du 29 novembre 1850, article 6.—L'État n'est soumis à aucune responsabilité à raison du service de la correspondance privée par la voie télégraphique.

En conséquence, tous les journaux ou écrits périodiques, de quelque matière qu'ils traitent, recouvrent le droit de se faire transporter par les voies qu'ils jugent convenables, à la seule condition de s'expédier conformément à l'arrêté du 27 prairial an IX, par ballots ou paquets de 1 kilogramme au minimum.

LOI DU 30 MAI 1871.

Franchises accordées aux militaires et marins en campagne, pour l'envoi et la réception des lettres et pour la réception des mandats.

ART. 1er. A partir de la promulgation de la présente loi, les lettres à destination des militaires faisant partie des corps d'armée de terre et de mer en campagne leur parviendront en franchise.

Les lettres envoyées de ces corps d'armée jouiront du même avantage.

ART. 2. Cette franchise sera maintenue, même après la fin de la campagne, pour les lettres à destination des militaires ou marins blessés ou malades, pendant tout le temps qu'ils demeureront dans les hôpitaux ou ambulances.

Les lettres envoyées de ces hôpitaux ou ambulances jouiront aussi du même avantage.

ART. 3. Les mandats envoyés par l'intermédiaire de la poste aux militaires et marins dans les cas prévus par les articles précédents seront exemptés des frais de timbre et de poste jusqu'à la somme de 50 francs.

LOI DU 23 AOÛT 1871.

Augmentations d'impôts et impôts nouveaux relatifs à l'enregistrement et au timbre.

ART. 2. Il est ajouté deux décimes au principal des droits de timbre de toute nature.

Ne sont pas soumis à ces deux décimes :

. . . .

. . . . ; les quittances de produits et de revenus délivrées par les comptables des deniers publics, conformément à l'article 4 de la loi du 8 juillet 1865, *les reconnaissances de valeurs cotées,* ainsi que les quittances des sommes envoyées par la poste, lesquelles seront, à l'avenir, assujetties à un droit de timbre de 25 centimes.

. . . .

(Modifié. Loi du 25 janvier 1873, art. 8.)

ART. 20. Sont seuls exceptés du droit de timbre de 10 centimes (quittances, reçus, décharges) :

. . . .

4° Les quittances délivrées par les comptables des deniers publics, celles. . . . . , des postes, qui restent soumises à la législation qui leur est spéciale.

LOI DU 24 AOÛT 1871.

Taxe des lettres, échantillons, épreuves d'imprimerie corrigées, papiers de commerce ou d'affaires et imprimés. — Chargements. — Valeurs déclarées. — Articles d'argent.

ART. 1er. La taxe des lettres du poids de 10 grammes et au-dessous circulant en France et en Algérie de bureau à bureau est fixée à :

25 centimes pour les lettres affranchies ;
40 centimes pour les lettres non affranchies.

De 10 grammes à 20 grammes inclusivement, cette taxe est élevée à :

40 centimes pour les lettres affranchies ;
60 centimes pour les lettres non affranchies.

De 20 à 50 grammes inclusivement, à :

70 centimes pour les lettres affranchies ;
1 franc pour les lettres non affranchies.

A partir de 50 grammes, la taxe est augmentée de :

50 centimes pour les lettres affranchies ;
75 centimes pour les lettres non affranchies, pour chaque 50 grammes ou fraction de 50 grammes.

ART. 2. La taxe des lettres du poids de 10 grammes et au-dessous, nées et distribuables dans la circonscription postale du même bureau, Paris excepté, est fixée à :

15 centimes pour les lettres affranchies ;
25 centimes pour les lettres non affranchies.

De 10 grammes à 20 grammes inclusivement, cette taxe est élevée à :

25 centimes pour les lettres affranchies ;
40 centimes pour les lettres non affranchies.

De 20 grammes à 50 grammes inclusivement, à :

40 centimes pour les lettres affranchies ;
60 centimes pour les lettres non affranchies.

A partir de 50 grammes, la taxe est augmentée de :

25 centimes pour les lettres affranchies ;
40 centimes pour les lettres non affranchies, pour chaque 50 grammes ou fraction de 50 grammes.

ART. 3. La taxe des lettres de Paris pour Paris, dont l'enceinte des fortifications marque les limites, est fixée, jusqu'à 15 grammes exclusivement, à :

15 centimes pour les lettres affranchies ;
25 centimes pour les lettres non affranchies.

De 15 grammes à 30 grammes exclusivement, cette taxe est élevée à :

30 centimes pour les lettres affranchies ;
50 centimes pour les lettres non affranchies, et ainsi de suite en ajoutant, par chaque 30 grammes ou fraction de 30 grammes :

15 centimes pour les lettres affranchies ;
25 centimes pour les lettres non affranchies.

ART. 4. En cas d'insuffisance d'affranchissement, la taxe est calculée comme si les lettres n'avaient pas été affranchies, mais il est fait déduction de la valeur des timbres-postes employés.

ART. 5. *Le droit fixe à percevoir sur chaque lettre chargée, en sus du port de la lettre ordinaire, est fixé à 50 centimes.*

ART. 6. Indépendamment d'un droit fixe de 50 centimes et du port de la lettre suivant son poids, l'expéditeur de valeurs déclarées payera d'avance un droit proportionnel de 20 centimes pour chaque 100 francs ou portion de 100 francs.

La taxe des avis de réception est fixée à 20 centimes.

ART. 7. Le port *des échantillons de marchandises*, des épreuves d'imprimerie corrigées, des papiers de commerce ou d'affaires, placés soit sous bandes mobiles, soit dans des enveloppes non fermées, soit dans des sacs ou boîtes faciles à ouvrir, est de 30 centimes jusqu'à 50 grammes. A partir de 50 grammes, il est augmenté de 10 centimes par 50 grammes ou fraction de 50 grammes.

Sont maintenues, en cas de non-affranchissement de ces objets, les dispositions de l'article 8 de la loi du 25 juin 1856.

ART. 8. *Le droit de poste à percevoir sur les sommes confiées à l'Administration, à titre d'articles d'argent, est porté à 2 p. 0/0.*

ART. 9. *Le port des circulaires, prospectus, catalogues, avis divers et prix courants, livres, gravures, lithographies, en feuilles, brochés ou reliés, et, en général, de tous les imprimés autres que les journaux et ouvrages périodiques, est de . . . .*

Sont exceptés les circulaires électorales et bulletins de vote, pour lesquels l'ancien tarif est maintenu.

ART. 10. Sont maintenues toutes les dispositions des lois concernant le service des postes auxquelles il n'a pas été dérogé par la présente loi.

(Modifié. Lois du 20 décembre 1872, du 25 janvier 1873 et du 29 décembre 1873.)

DÉCRET DU 24 NOVEMBRE 1871.

Taxe des billets d'avertissement avant citation.

ART. 5. La rétribution due au greffier de la justice de paix, en vertu de l'article 2 de la loi du 2 mai 1855, pour tout droit, par chaque billet d'avertissement avant citation, est fixée à 30 centimes, y compris l'affranchissement, qui sera, dans tous les cas, de 15 centimes, et sans préjudice du remboursement du coût de la feuille de papier timbré exigée par l'article 21 de la loi du 23 août dernier.

DÉCRET DU 17 AOÛT 1872.

Fixation des délais pendant lesquels les lettres déposées dans les boîtes des bureaux de poste de Bordeaux après les levées générales pourront être expédiées moyennant une taxe supplémentaire.

Art. 1er. Sont fixés ainsi qu'il suit les délais pendant lesquels les lettres déposées dans les boîtes des bureaux de poste de Bordeaux après les levées générales pourront être expédiées moyennant une taxe supplémentaire :

Premier délai (taxe supplémentaire de 20 centimes), les dix premières minutes après la dernière levée générale;

Deuxième délai (taxe supplémentaire de 40 centimes), les dix minutes suivantes.

Art. 2. Les dispositions du présent décret seront applicables dans les bureaux de Bordeaux désignés par le directeur général des postes.

(Application de la loi du 9 mai 1863.)

LOI DE FINANCES DU 20 DÉCEMBRE 1872.

Cartes postales. — Réduction du droit sur les envois d'argent.

Art. 22. L'Administration fera fabriquer des cartes postales destinées à circuler à découvert.

Elles seront mises en vente au prix de 10 centimes pour celles envoyées et distribuées dans la circonscription du même bureau, ainsi que de Paris pour Paris, dans l'étendue dont les fortifications marquent la limite, et au prix de 15 centimes pour celles qui circulent en France et en Algérie de bureau à bureau.

Le droit sur les envois d'argent sera de 1 p. o/o.

Les emplois spéciaux de commissaires du Gouvernement près les compagnies concessionnaires de services maritimes subventionnés, ainsi que les emplois d'agents des postes embarqués sur la ligne du Havre à New-York et sur les lignes de la Méditerranée, ont cessé d'exister à partir au 1er janvier 1873, par suite de la suppression des crédits qui y étaient affectés.

LOI DU 25 JANVIER 1873.

Lettres et objets recommandés. — Valeurs déclarées. — Valeurs cotées.

Art. 1er. Le public est admis à recommander les lettres, les cartes postales, les échantillons, les papiers de commerce et d'affaires, les journaux, les imprimés et généralement tous les objets rentrant dans le monopole de la poste, et dont le transport peut lui être confié en vertu des lois en vigueur.

Art. 2. Les lettres recommandées ne sont assujetties à aucun mode spécial de fermeture.

Les cartes postales, les échantillons, les papiers de commerce et d'affaires, les journaux et autres objets circulant à prix réduit, restent, en cas de recommandation, soumis aux conditions spéciales qui leur sont imposées.

Art. 3. Les objets recommandés sont déposés aux guichets des bureaux de poste. L'Administration en est déchargée, en ce qui concerne les lettres, par leur remise contre reçu au destinataire ou à son fondé de pouvoirs; en ce qui concerne les autres objets, par leur remise, contre reçu, soit au destinataire, soit à une personne attachée au service du destinataire ou demeurant avec lui.

Art. 4. L'Administration des Postes n'est tenue à aucune indemnité, soit pour détérioration, soit pour spoliation des objets recommandés. La perte, sauf le cas de force majeure, donnera seule droit, au profit du destinataire, à une indemnité de 25 francs.

Art. 5. Les objets recommandés payeront, en sus de la taxe qui leur est applicable, selon la classe à laquelle ils appartiennent, un droit fixe. Ce droit sera de 50 centimes pour les lettres et de 25 centimes pour les autres objets. Taxe et droit fixe seront acquittés par l'expéditeur.

Art. 6. La faculté donnée par l'article 7 de la loi du 4 juin 1859, relative à l'insertion des valeurs au porteur dans les lettres chargées sans déclaration de valeur, s'appliquera aux lettres recommandées.

Art. 7. L'expéditeur d'un objet recommandé peut en réclamer l'avis de réception moyennant la taxe fixée par l'article 6 de la loi du 24 août 1871.

Art. 8. Les bijoux ou objets précieux circulant jusqu'à présent par la poste sous le titre de « valeurs cotées » sont assimilés aux lettres renfermant des valeurs déclarées, quant aux formalités relatives au dépôt, à la déclaration, à la remise au destinataire, à la responsabilité de l'Administration, et circuleront, à l'avenir, sous le titre de « valeurs déclarées. »

Ces objets acquittent le droit fixe de chargement de 50 centimes et une taxe de 1 p. o/o de leur valeur jusqu'à 100 francs et de 50 centimes par chaque 100 francs ou fraction de 100 francs en plus jusqu'à 10,000 francs, suivant la déclaration faite par l'expéditeur. Cette valeur ne peut être inférieure à 50 francs.

Ils sont déposés à la poste dans des boîtes closes d'avance, dont les parois doivent avoir une épaisseur d'au moins 8 millimètres et dont les dimensions ne peuvent excéder 5 centimètres de hauteur, 8 centimètres de largeur et 10 centimètres de longueur.

En cas de perte ou de détérioration résultant de la fracture des boîtes ne réunissant pas ces conditions, la poste n'est tenue à aucune indemnité.

Le droit de timbre auquel les reconnaissances de valeurs cotées sont assujetties par l'article 2 de la loi du 23 août 1871 est aboli.

Art. 9. Il est interdit, sous les peines édictées par l'article 9 de la loi du 4 juin 1859 :

1° D'insérer dans les lettres ou autres objets recommandés des pièces de monnaie, des matières d'or ou d'argent, des bijoux ou autres objets précieux;

2° D'insérer dans les objets recommandés, affranchis au prix du tarif réduit, des billets de banque ou valeurs payables au porteur;

3° D'expédier dans des boîtes comme valeurs déclarées des monnaies françaises ou étrangères.

Il est, en outre, défendu, sous les peines édictées par l'arrêté du 27 prairial an IX et la loi du 22 juin 1854, d'insérer des lettres dans les boîtes contenant des bijoux ou objets précieux confiés à la poste.

L'Administration peut vérifier le contenu de ces boîtes, en présence du destinataire, lorsqu'elle le juge convenable.

ART. 10. La limite de garantie des valeurs déclarées contenues dans une même lettre ou dans une même boîte est portée à 10,000 francs.

DÉCRET DU 31 MAI 1873.

Fixation des délais pendant lesquels les lettres déposées dans les boîtes des bureaux de poste de Lyon après les levées générales pourront être expédiées moyennant une taxe supplémentaire.

ART. 1er. Sont fixés ainsi qu'il suit les délais pendant lesquels les lettres déposées dans les boîtes des bureaux de poste de Lyon après les levées générales pourront profiter du plus prochain départ moyennant une taxe supplémentaire :

Premier délai (taxe supplémentaire de 20 centimes), les quinzes premières minutes après la levée générale ;

Deuxième délai (taxe supplémentaire de 40 centimes), les quinze minutes suivantes ;

Troisième délai (taxe supplémentaire de 60 centimes), les vingt minutes suivantes.

ART. 2. Les dispositions qui précèdent seront applicables dans les bureaux de poste de la ville de Lyon qui seront désignés par le directeur général des Postes.

(Application de la loi du 9 mai 1863.)

LOI DU 6 DÉCEMBRE 1873.

Modification du régime du service postal et du service télégraphique.

ARTICLE UNIQUE. Un règlement d'administration publique déterminera, dans le plus bref délai, les mesures à prendre par les Ministres de l'intérieur et des finances à l'effet d'apporter les modifications ci-après au régime du service postal et du service télégraphique :

1° Les agents du service des postes seront chargés du service télégraphique des bureaux dénommés municipaux et autres d'ordre inférieur ;

2° L'usage de la poste et l'usage du télégraphe seront, pour les autres bureaux offerts au public, dans la même maison, ou dans les meilleures conditions possibles de proximité.

3° La comptabilité de l'Administration des Télégraphes et ses éléments seront soumis, comme dans l'Administration des Postes, à la vérification de l'inspection générale des finances.

LOI DE FINANCES DU 29 DÉCEMBRE 1873.

Taxe des imprimés et échantillons. — Transformation des bureaux de distribution en bureaux de plein exercice.

Art. 7. Le port des circulaires, prospectus, catalogues, avis divers et prix courants, livres, gravures, lithographies en feuilles, brochés ou reliés, et en général de tous les imprimés autres que les journaux et ouvrages périodiques, est, pour chaque exemplaire ou chaque paquet adressé à un seul destinataire, ainsi fixé suivant le poids :

De 5 grammes et au-dessous...... 2 centimes.
De 5 à 10 grammes............. 3
De 10 à 15 grammes........... 4
De 15 à 40 grammes........... 5
De 40 à 80 grammes........... 10

Au dessus de 80 grammes, il y aura une augmentation de 3 centimes par chaque 20 grammes ou fraction de 20 grammes excédant.

L'article 9 de la loi du 24 août 1871 est abrogé, sauf en ce qui concerne l'exception faite pour les circulaires électorales et bulletins de vote.

Art. 8. Le port des échantillons de marchandises est réduit à 15 centimes par 50 grammes; à partir de 50 grammes, il est augmenté de 5 centimes par 50 grammes ou fraction de 50 grammes.

L'article 7 de la loi du 24 août 1871 est abrogé en ce qu'il a de contraire au présent article.

Les distributions gérées par des distributeurs sédentaires, en France et en Corse, ont été supprimées et converties en recettes de plein exercice à partir du 1er janvier 1874, en vertu de la décision de M. le Ministre des finances du 8 juillet 1873 et de la loi de finances du 29 décembre de la même année.

ANNEXES.

TRANSPORT DES DÉPÊCHES PAR ENTREPRISE.

CAHIER DES CHARGES.

CONDITIONS GÉNÉRALES DU MARCHÉ.

Art. 1er. L'adjudicataire s'engage envers l'Administration des Postes à faire le service du transport des dépêches sur la route désignée par le présent cahier des charges, pendant l'espace de six années, à partir de l'époque qui sera ultérieurement fixée. Il devra porter, à l'aller comme au retour, toutes les dépêches qui lui seront remises par les préposés des postes de la route qu'il aura à parcourir, tant pour les bureaux situés sur cette route que pour les lieux au delà. Il sera tenu également de desservir tous nouveaux bureaux que l'Administration viendrait à créer dans les communes situées sur son passage, quelle que soit l'augmentation de parcours qui puisse en résulter. Toutes les fois que, par suite de déplacement, un bureau ne se trouvera pas situé hors de la circonscription de la commune, l'adjudicataire ne sera pas moins tenu de s'y rendre. L'Administration se réserve enfin la faculté de changer, suivant les besoins du service, le point de départ ou d'arrivée du courrier et de le fixer soit au bureau de poste, soit à la station du chemin de fer établie dans la même localité ou qui pourrait y être établie ultérieurement, soit encore à la station la plus voisine de cette localité, toutes les fois que la distance qui sépare le bureau de poste de la station n'excédera pas deux kilomètres. Le courrier devra, si l'Administration le juge à propos, effectuer directement l'échange des dépêches aux gares des chemins de fer avec les bureaux ambulants, les courriers convoyeurs ou les conducteurs des trains, et, sur la voie de terre, avec les autres courriers qu'il rencontrera; il pourra, en outre, être chargé d'expédier et de recevoir les autres courriers aboutissant à la même station que lui et de porter la boîte de cette station aux bureaux ambulants ou aux courriers convoyeurs.

Art. 2. La course, y compris les stations pour la remise, la réception et la confection des dépêches dans les bureaux intermédiaires, devra être fournie, en toute saison, en . . . . heures . . . . . . au plus pour aller, et . . . . pour revenir. Cependant l'Administration se réserve le droit d'accorder à l'entrepreneur, si elle le juge convenable, un délai plus long pour accomplir sa route. Les heures d'ar-

rivée aux bureaux intermédiaires, tant à l'aller qu'au retour, seront
fixées d'après la déclaration de l'adjudicataire, avant son entrée en
activité, et ne pourront plus être changées ensuite qu'avec l'autorisation de l'Administration. A moins de réparations interceptant le passage et occasionnant un détour notable, le mauvais état de la route,
dans quelque saison et par quelque cause que ce soit, ne pourra servir
à justifier les retards, et l'entrepreneur demeurera passible des retenues prévues par l'article 15. *La distance à parcourir n'étant point garantie,* l'entrepreneur n'aura dû souscrire au présent cahier des
charges qu'après avoir vérifié cette distance, s'être enquis de l'état
de la route et avoir reconnu la position des bureaux de poste déjà
établis sur cette route, attendu qu'il ne sera admis postérieurement
aucune réclamation sur l'insuffisance du délai fixé.

ART. 3. Le temps accordé par l'article précédent ne pourra jamais
être réduit sans le consentement de l'entrepreneur ; mais l'Administration se réserve la faculté de changer, selon ses besoins, les heures de la
marche, sans toutefois que cette marche puisse être croisée, si elle ne
l'est déjà au moment de la mise en adjudication. Lorsque l'heure du
départ devra être subordonnée à celle du passage ou de l'arrivée
d'autres courriers, l'entrepreneur sera tenu d'attendre l'arrivée de ces
courriers sans pouvoir prétendre à aucune indemnité. Outre les ordinaires prévus, l'Administration pourra en établir d'autres, à l'exécution desquels l'entrepreneur sera tenu de pourvoir, si elle ne préfère
les mettre en adjudication ; ces nouveaux ordinaires, tant qu'ils seront exécutés, donneront lieu à une augmentation proportionnelle du
salaire de l'entrepreneur. Chaque ordinaire comprend *une course à
l'aller* et *une course au retour.*

ART. 4. Les courriers d'entreprise devront prendre et remettre
eux-mêmes les dépêches dans chaque bureau et les accompagner dans
tout le parcours. Chaque expédition sera accompagnée d'un *Part*
(*feuille de route*) signé par le courrier. Le nombre des paquets composant l'envoi et les heures de départ et d'arrivée, y seront constatés
en présence du courrier, dont les réclamations, s'il y a lieu, devront
être immédiates.

ART. 5. Le service ne pourra être exécuté que par des gens connus, bien famés, sachant lire et signer, et agréés préalablement par
le directeur du département dans lequel l'entrepreneur touche son
salaire. Les courriers d'entreprise porteront l'écusson et le costume
déterminés par les règlements. Les courriers conducteurs de messageries, ayant un uniforme spécial, ne sont tenus de porter que l'écusson.

ART. 6. Les services de transport adjugés pour être faits en voiture ne doivent pas être exécutés autrement. Néanmoins, dans le cas,
légalement constaté, où la route ordinaire se trouverait impraticable
aux voitures, l'entrepreneur devra faire porter soit à cheval, soit

même à pied, les dépêches au transport desquelles il est tenu de pourvoir dans tous les cas. Les voitures d'exploitation devront être la propriété de l'entrepreneur; elles seront montées sur ressorts et pourvues d'un coffre exclusivement réservé aux dépêches et fermant au moyen d'une serrure de sûreté. Le coffre, placé à la portée du courrier, devra être d'une capacité suffisante pour contenir toutes les dépêches, les garantir du mauvais temps et de tous accidents. L'entrepreneur sera tenu d'adapter au panneau de sa voiture une boîte aux lettres mobile. Cette boîte sera fournie par l'Administration; les frais d'achat, d'entretien et de renouvellement, seront à la charge de l'adjudicataire. A certains endroits du parcours, qui seront déterminés par le directeur des postes du département, et qui ne pourront excéder le nombre de deux par myriamètre, le courrier sera tenu de s'arrêter une minute pour recevoir les lettres que le public aurait à déposer dans les boîtes mobiles. La boîte sera présentée par le courrier à la visite des receveurs et facteurs-boîtiers des bureaux situés sur la route. Cette boîte ne sera replacée à la voiture que dix minutes environ après le départ de chaque établissement de poste. Les courriers devront conduire leurs voitures à la porte des bureaux de poste. Le courrier sera tenu de suivre, avec les dépêches, la ligne de parcours dans toute son étendue, sans pouvoir changer de voiture et sans stationner en quelque lieu que ce soit, si ce n'est pour relayer, faire l'échange des dépêches ou permettre au public de déposer des lettres dans la boîte mobile.

Art. 7. Les dépêches transportées à cheval doivent aussi être accompagnées, sur toute la ligne, par le même courrier; elles sont placées dans des valises ou portemanteaux en cuir ayant chaînes et cadenas. Un service stipulé à cheval ne peut pas être fait à pied, mais il peut être fait en voiture, sous les conditions imposées par l'article 6.

Art. 8. L'entrepreneur d'un transport à pied doit faire sa course *personnellement*, à moins qu'il n'ait obtenu l'autorisation de se faire remplacer momentanément, ou qu'il n'exploite son service à cheval ou en voiture, sous les conditions stipulées aux articles 6 et 7. Dans ce dernier cas, la durée du trajet sera fixée par l'Administration. Les dépêches doivent être renfermées dans un sac en cuir fermant à clef. Il peut, au besoin, s'adjoindre un aide à ses frais, sous les conditions de garanties portées en l'article 5.

L'entrepreneur exécutant le service *à cheval* ou *à pied* pourra être tenu de se munir, à ses frais, d'une sacoche-boîte destinée à recueillir les lettres en route; cette sacoche sera fournie par l'Administration, contre versement de la somme de 10 fr. 50 cent.

Art. 9. Tous les objets nécessaires à l'exploitation du service (les boîtes exceptées) seront fournis par l'entrepreneur, qui les entretiendra constamment en bon état. En cas de retard dans le remplacement de ces objets prescrit par les directeurs, ces chefs de service y pourvoiront aux frais de l'entrepreneur.

ART. 10. Les frais de timbre de l'expédition et de l'extrait du présent cahier des charges et l'enregistrement de la soumission sont à la charge de l'entrepreneur, ainsi que le droit dont est passible chaque mandat de payement. Les droits de passage des ponts et bacs, les rémunérations attribuées aux portiers-consignes des places de guerre chargés d'ouvrir les portes aux courriers après l'heure de leur fermeture légale, et généralement tous péages, impôts et droits établis ou à établir, seront aussi à la charge de l'entrepreneur.

ART. 11. Le prix du marché sera payé par trimestre, un mois après l'expiration de chaque terme, à moins qu'il n'y ait lieu de suspendre le payement pour cause de mauvais service ou d'inexécution d'une clause quelconque du cahier des charges.

Dans aucun cas l'entrepreneur n'a droit à un secours ni à une indemnité.

Il n'aura droit à une augmentation de prix que dans le cas prévu par l'article 3.

ART. 12. L'entrepreneur ne pourra céder son marché sans l'autorisation de l'Administration. Toute demande de cession devra être motivée et accompagnée du projet d'acte établi sur papier timbré et contenant une clause spéciale par laquelle le cédant se porte caution solidaire de son cessionnaire. Une stipulation de bénéfices en entraînerait le rejet.

ART. 13. L'Administration se réserve le droit de résilier, *sans indemnité,* le présent marché avant l'expiration du bail.

ART. 14. En cas de décès, le traité sera résilié. Sur la demande de la veuve ou des héritiers de l'entrepreneur décédé, l'Administration pourra leur accorder la continuation du marché.

ART. 15. Les retards constatés, tant aux bureaux intermédiaires qu'aux points extrêmes, et non justifiés, rendront l'entrepreneur passible de la retenue d'une somme égale à une journée du prix du marché par chaque heure de retard, et proportionnellement pour les fractions d'heure. Si, dix minutes avant l'heure prescrite pour l'expédition des dépêches, l'entrepreneur ne s'est pas présenté, ou s'il n'est pas en état d'effectuer le service d'une manière sûre et convenable, il y sera pourvu, à ses frais, par la voie que l'agent des postes aura à sa disposition. Il en sera de même en cas d'oubli ou d'échange erroné d'une dépêche, ou bien lorsque, par le fait du courrier, une coïncidence se trouverait manquée. Indépendamment de ces frais de transport extraordinaire, l'entrepreneur sera passible d'une retenue d'un jour de salaire par chaque heure de retard éprouvé dans l'arrivée de la dépêche à sa destination; toutefois le chiffre de cette retenue serait modéré en considération des mesures prises par l'entrepreneur pour hâter la remise de la dépêche. La perte ou l'avarie d'une dépêche rendra passible d'une retenue de 5 francs au moins à 100 francs au plus par chaque dépêche l'entrepreneur, qui reste, en outre, responsable tant du montant des taxes des lettres que du montant des groups et autres objets perdus ou avariés, ainsi que des indemnités dues à des tiers pour les chargements. L'oubli du part ou sa perte pourra donner lieu à une retenue de 1 franc à 10 francs. La surcharge frauduleuse du part sera punie d'une retenue dont le chiffre pourra s'élever à 100 francs.

ART. 16. Toute condamnation judiciaire, toute contravention aux lois sur le transport des lettres, toute fraude en matière de douanes, la faillite ou la déconfiture de l'entrepreneur, l'ivresse, l'insubordination, la désobéissance aux ordres des agents de l'Administration, toute cession non autorisée, entraîneront la résiliation du marché. Des retards fréquents dans la marche, des négligences réitérées ou des contraventions à une disposition quelconque du cahier des charges pourront également entraîner la résiliation du marché. L'Administration pourra toutefois, si elle le juge à propos, commuer la peine de la résiliation en une amende dont elle fixera le chiffre. La résiliation du marché, prononcée dans les cas prévus par le présent article aura lieu sans indemnité, et rendra l'entrepreneur responsable de l'excédant de dépense qui pourra résulter tant de l'exécution provisoire que de la réadjudication du service; les sommes auxquelles il aura droit, ainsi que le cautionnement stipulé par l'article 17 ci-après, et les intérêts échus de ce cautionnement seront retenus pour couvrir, au besoin, le Trésor de cet excédant de dépense. Dans le cas même où un entrepreneur serait titulaire de plusieurs services, l'Administration pourra exercer son recours sur les mandats et les cautionnements afférents à ces services.

ART. 17. Les services adjugés en voiture ou à cheval sont soumis à un cautionnement égal au dixième du prix annuel du marché toutes les fois que ce prix dépasse *mille* francs. L'adjudicataire doit verser ce cautionnement en numéraire avant son entrée en activité.

CONDITIONS SPÉCIALES.

ART. 18. . . . .

ART. 19. Les difficultés auxquelles pourrait donner lieu l'exécution ou l'interprétation du présent cahier des charges seront jugées administrativement, sauf appel au Conseil d'État.

CONCESSIONS DE CHEMIN DE FER.

(EXTRAIT DU CAHIER DES CHARGES).

TITRE V. — STIPULATIONS RELATIVES À DIVERS SERVICES PUBLICS.

ART. 56. Le service des lettres et dépêches sera fait comme il suit :

1° A chacun des trains de voyageurs et de marchandises circulant aux heures ordinaires de l'exploitation, la compagnie sera tenue de réserver gratuitement deux compartiments spéciaux d'une voiture de deuxième classe, ou un espace équivalent, pour recevoir les lettres, les dépêches et les agents nécessaires au service des postes, le surplus de la voiture restant à la disposition de la compagnie.

2° Si le volume des dépêches ou la nature du service rend insuffisante la capacité des deux compartiments à deux banquettes, de sorte qu'il y ait lieu de substituer une voiture spéciale aux wagons ordinaires, le transport de cette voiture sera également gratuit.

Losque la compagnie voudra changer les heures de départ de ses convois ordinaires, elle sera tenue d'en avertir l'Administration des Postes quinze jours à l'avance.

3° Un train spécial régulier, dit *train journalier de la poste,* sera mis gratuitement chaque jour, à l'aller et au retour, à la disposition du Ministre des finances, pour le transport des dépêches sur toute l'étendue de la ligne.

4° L'étendue du parcours, les heures de départ et d'arrivée, soit de jour, soit de nuit, la marche et les stationnements de ce convoi, sont réglés par le Ministre des travaux publics et le Ministre des finances, la compagnie entendue.

5° Indépendamment de ce train, il pourra y avoir tous les jours, à l'aller et au retour, un ou plusieurs convois spéciaux, dont la marche sera réglée comme il est dit ci-dessus. La rétribution payée à la compagnie, pour chaque convoi, ne pourra excéder 75 centimes par kilomètre parcouru pour la première voiture et 25 centimes pour chaque voiture en sus de la première.

6° La compagnie pourra placer, dans les convois spéciaux de la poste, des voitures de toutes classes, pour le transport, à son profit, des voyageurs et des marchandises.

7° La compagnie ne pourra être tenue d'établir des convois spéciaux ou de changer les heures de départ, la marche ou le stationnement de ces convois, qu'autant que l'Administration l'aura prévenue, par écrit, quinze jours à l'avance.

8° Néanmoins, toutes les fois qu'en dehors des services réguliers, l'Administration requerra l'expédition d'un convoi extraordinaire, soit de jour, soit de nuit, cette expédition devra être faite immédiatement, sauf l'observation des règlements de police. Le prix sera ultérieurement réglé, de gré à gré ou à dire d'experts, entre l'Administration et la compagnie.

9° L'Administration des Postes fera construire à ses frais les voitures qu'il pourra être nécessaire d'affecter spécialement au transport et à la manutention des dépêches. Elle réglera la forme et les dimensions de ces voitures, sauf l'approbation, par le Ministre des travaux publics, des dispositions qui intéressent la régularité et la sécurité de la circulation. Elles seront montées sur châssis et sur roues; leurs poids ne dépassera pas 8,000 kilogrammes, chargement compris. L'Administration des Postes fera entretenir à ses frais ses voitures spéciales; toutefois l'entretien des châssis et des roues sera à la charge de la compagnie.

10° La compagnie ne pourra réclamer aucune augmentation des prix ci-dessus indiqués, lorsqu'il sera nécessaire d'employer des plates formes au transport des malles-postes ou des voitures spéciales en réparation.

11° La vitesse moyenne des convois spéciaux mis à la disposition de l'Administration des Postes ne pourra être moindre de 40 kilomètres à l'heure, temps d'arrêt compris; l'Administration pourra consentir une vitesse moindre, soit à raison des pentes, soit à raison des courbes à parcourir, ou bien exiger une plus grande vitesse dans le cas où la compagnie obtiendrait plus tard, dans la marche de son service, une vitesse supérieure.

12° La compagnie sera tenue de transporter gratuitement, par tous les convois de voyageurs, tout agent des postes chargé d'une mission ou d'un service accidentel et porteur d'un ordre de service régulier délivré à Paris par le directeur général des postes. Il sera accordé à l'agent des postes en mission une place de voiture de deuxième classe, ou de première classe, si le convoi ne comporte pas de voitures de deuxième classe.

13°. La compagnie sera tenue de fournir, à chacun des points extrêmes de la ligne, ainsi qu'aux principales stations intermédiaires qui seront désignées par l'Administration des Postes, un emplacement sur lequel l'Administration pourra faire construire des bureaux de poste ou d'entrepôt des dépêches, et des hangars pour le chargement et le déchargement des malles-postes. Les dimensions de cet emplacement seront, au maximum, de 64 mètres carrés dans les gares des départements, et le double à Paris.

14° La valeur locative du terrain ainsi fourni par la compagnie lui sera payée de gré à gré ou à dire d'experts.

15° La position sera choisie de manière que les bâtiments qui y seront construits aux frais de l'Administration des Postes ne puissent entraver en rien le service de la compagnie.

16° L'Administration se réserve le droit d'établir à ses frais, sans indemnité, mais aussi sans responsabilité pour la compagnie, tous poteaux ou appareils nécessaires à l'échange des dépêches sans arrêt de train, à la condition que ces appareils, par leur nature ou leur position, n'apportent pas d'entraves aux différents services de la ligne ou des stations.

17° Les employés chargés de la surveillance du service, les agents préposés à l'échange ou à l'entrepôt des dépêches, auront accès dans les gares ou stations pour l'exécution de leur service, en se conformant aux règlements de police intérieure de la compagnie.

. . . .

ART 70. Les contestations qui s'élèveraient entre la compagnie et l'Administration, au sujet de l'exécution et de l'interprétation des clauses du présent cahier des charges, seront jugées administrativement par le conseil de préfecture, sauf recours au Conseil d'État.

Article relatif à l'exécution du service de la poste sur les chemins de fer de second ordre :

ART. 56. Le service des lettres et dépêches sera fait comme il suit :

1° A chacun des trains de voyageurs et de marchandises circulant aux heures ordinaires de l'exploitation, la compagnie sera tenue de réserver gratuitement deux compartiments spéciaux d'une voiture de deuxième classe, ou un espace équivalent, pour recevoir les lettres, les dépêches et les agents nécessaires au service des postes, le surplus de la voiture restant à la disposition de la compagnie.

2° Si le volume des dépêches ou la nature du service rend insuffisante la capacité de deux compartiments à deux banquettes, de sorte qu'il y ait lieu de substituer une voiture spéciale aux wagons ordinaires, le transport de cette voiture sera également gratuit. Lorsque la compagnie voudra changer les heures de départ de ses convois ordinaires, elle sera tenue d'en avertir l'Administration des Postes quinze jours à l'avance.

Les employés chargés de la surveillance du service, les agents préposés à l'échange ou à l'entrepôt des dépêches, auront accès dans les gares ou stations pour l'exécution de leur service, en se conformant aux règlements de police intérieure de la compagnie.

EXTRAIT

de l'Arrêté du Conseil des Postes du 30 juin 1854, portant organisation du service des bureaux ambulants, de jour et de nuit, sur toutes les lignes de chemins de fer.

ART. 1ᵉʳ. Le service de réception et d'expédition des correspondances à Paris et sur les lignes de chemins de fer exécuté par les bureaux ambulants, la surveillance de ce service, le service de Paris et le bureau du départ et de l'arrivée seront organisés de la manière suivante :

BUREAUX AMBULANTS.

ART. 2. Il sera établi, sur toutes les lignes de chemins de fer ouvertes ou à ouvrir, des services des bureaux ambulants de nuit et de jour.

Le travail de ces bureaux comprendra la réception, l'expédition et l'échange des correspondances originaires ou à destination de Paris et de toutes les localités desservies par les chemins de fer.

ART. 3. Le service des bureaux ambulants de nuit et de jour sera divisé en *neuf* [1] lignes, comprenant tout le territoire de l'empire, savoir :

1° Ligne du Nord, comprenant Boulogne, Calais, Valenciennes, Saint-Quentin ;

2° Ligne de l'Est, comprenant lignes principales et embranchements ;

3° Ligne de Lyon, comprenant lignes principales et embranchements ;

4° Lignes du Centre, comprenant Clermont et Limoges ;

5° Ligne du Sud-Ouest, comprenant Bordeaux et Nantes ;

6° Ligne de l'Ouest, comprenant Rennes et embranchements ou prolongements ;

6° Ligne du Nord-Ouest, comprenant Cherbourg, le Havre, Dieppe, etc.

8° Ligne de la Méditerranée, comprenant lignes principales et embranchements ;

9° Ligne des Pyrénées, comprenant Bordeaux à Cette et à Bayonne.

---

[1] Le service est aujourd'hui divisé en huit lignes.

Tous les chemins de fer en construction ou à construire, transversaux ou formant prolongement ou embranchement, seront classés, chaque chemin suivant sa position, dans l'une des lignes de bureaux ambulants établis.

Art. 4. Il sera placé à la tête de chaque ligne de bureaux ambulants un agent désigné sous le nom de directeur.

Le directeur est chef de service de la ligne, dont il dirige et surveille toutes les opérations sous sa responsabilité.

Art. 5. Le service des bureaux ambulants sera exécuté sur chaque ligne par section, et le service de chaque section par brigade ou fraction de brigade.

Chaque brigade formera un bureau ambulant distinct faisant le service à l'aller et au retour. Les brigades d'une même section seront distinguées par les lettres A, B, C, D, E. suivant le nombre de brigades par chaque section.

Art. 6. Le personnel de chaque brigade sera composé d'un chef de brigade dirigeant le service et responsable, d'un ou plusieurs commis ambulants et d'un gardien de bureau.

Art. 7. Il sera créé, en outre, sur chaque ligne, des emplois de commis sédentaires.

Ces agents devront aider aux travaux préparatoires, remplacer les commis absents et faire toutes les écritures d'ordre qui leur seront demandées.

Art. 8. *Répartition du personnel entre les neuf lignes.*

Art. 9. *Deux inspecteurs spéciaux des bureaux ambulants* [1] seront chargés de la surveillance et du contrôle de toutes les parties du service, ainsi que des enquêtes et des missions administratives sur les lignes placées dans leur circonscription.

. . . .

Art. 10. Les *inspecteurs* des départements et *l'inspecteur principal* à Paris, chacun dans l'étendue de sa circonscription, surveillent le travail et le personnel des bureaux ambulants. Ils font connaître à l'Administration les irrégularités qui leur sont signalées ou qu'ils ont lieu de remarquer eux-mêmes.

Ils peuvent être chargés des enquêtes et des missions administratives.

Art. 11. Le service des bureaux ambulants de jour sera exécuté dans les compartiments de voitures réservées pour le service des postes à chaque convoi ordinaire des chemins de fer.

Sur les lignes où le compartiment réservé sera insuffisant, l'Admi-

---

[1] Il y a maintenant un contrôleur spécial pour chaque ligne.

nistration est autorisée à placer des voitures spéciales et à traiter pour le transport de ces voitures de gré à gré avec les compagnies. Chaque traité et la dépense à laquelle il donnera lieu seront soumis à l'approbation du ministre.

Art. 12. Les bureaux ambulants de nuit aboutissant à Paris continueront à faire dépêches pour le bureau du départ et de l'arrivée et pour les sections du contrôle des produits et de la poste restante. Ils feront, en outre, dépêches l'un pour l'autre, ainsi que pour les bureaux ambulants de jour de chaque ligne.

Les bureaux ambulants de jour feront également dépêches pour le bureau du départ et de l'arrivée, les sections du contrôle des produits et de la poste restante, ainsi que pour tous les bureaux ambulants de nuit.

Les sacs dans lesquels ces dépêches sont renfermées seront apportés et centralisés à l'Hôtel des postes, d'où ils seront réexpédiés immédiatement sur leurs destinations respectives.

SERVICE ACTIF D'EXPLOITATION À PARIS.

Art. 13 à 29.

TRANSPORT DES DÉPÊCHES SUR LES CHEMINS DE FER.

Art. 30. Le transport des correspondances, qui doit être effectué par les bureaux ambulants de nuit et de jour sur toutes les lignes principales de chemins de fer, pourra être exécuté sur les lignes secondaires, en dépêches closes, accompagnées par des agents de l'Administration.

Art. 31. Il sera créé, à cet effet, quatre-vingts emplois de courriers convoyeurs dont les émoluments comprendront un traitement fixe et une indemnité. Ces agents seront divisés en deux classes.

. . . .

Art. 32. Les emplois de courriers de malles et de postulants courriers seront supprimés, à l'exception de ceux affectés au service de la malle de l'Inde.

Art. 33. Les dépêches transportées par les chemins de fer sur un parcours restreint, d'un point à un autre, sans échange intermédiaire, pourront être confiées aux conducteurs des trains.

L'Administration est autorisée à s'entendre à ce sujet avec les compagnies.

TRANSBORDEMENT DES DÉPÊCHES.

Art. 34. Le transbordement des dépêches formera une section distincte dont le personnel, compris dans le personnel du transport des dépêches, ressortira directement aux divisions administratives chargées de l'organisation et de la surveillance du service.

ART. 35. La section du transbordement des dépêches aura la surveillance générale, sur le service des courriers convoyeurs et chargeurs de dépêches, tant à l'Hôtel des postes que dans les gares de chemins de fer, et sur le transport des dépêches entre ces gares et l'Hôtel de postes. Elle sera chargée, en outre, de recevoir et d'expédier les dépêches qui doivent être échangés à l'Hôtel des postes entre les bureaux ambulants de nuit et de jour et entre les bureaux d'arrondissement, de recevoir les rapports des courriers convoyeurs et des courriers en malles, de régler l'ordre du service de ces agents et tout ce qui s'y rattache.

ART. 36. *Personnel de la section de transbordement.*

ART. 37. Les agents de surveillance placés dans les gares de chemins de fer à Paris et dans les départements seront supprimés.

ADMINISTRATION CENTRALE.

ART. 38. Le personnel de la section des bureaux ambulants, appartenant aujourd'hui au service actif d'exploitation à Paris, sera compris dans le personnel de l'administration centrale.

. . . .

ART. 39. Il sera créé, pour la garde, l'entretien et la distribution du matériel des bureaux ambulants, à l'Hôtel des postes et dans les principales gares de chemins de fer à Paris, sept emplois de sous-agents du matériel, au traitement de 1,600 francs chacun.

Ces agents seront placés, un à l'Hôtel des postes, et les six autres dans les gares ci-après désignées :

Gare du Nord ;
———— de Strasbourg ;
———— de Lyon ;
———— d'Orléans ;
———— de l'Ouest ;
———— du Havre.

ÉTABLISSEMENT DE BUREAUX DE POSTE ET DE BOÎTES AUX LETTRES DANS LES GARES DE CHEMINS DE FER.

ART. 40. Il sera établi des bureaux de poste dans toutes les gares principales de chemins de fer, et des boîtes aux lettres dans toutes les gares secondaires,

Le service, l'organisation et les dépenses de ces établissements de poste seront réglés par des rapports spéciaux présentés dans la forme ordinaire.

SERVICES MARITIMES POSTAUX.

Extrait des cahiers des charges des compagnies subventionnées.

1° MÉDITERRANÉE ET MER NOIRE [1].

. . . .

CHAPITRE VIII. — DE L'AGENT DES POSTES À BORD.

ART. 24. Il y aura à bord de chaque paquebot un agent des postes nommé par le Ministre des finances et payé par l'État, auquel seront confiées la réception, la conservation et la transmission des dépêches.

L'agent des postes aura un caractère officiellement reconnu par toutes les personnes du bord, ainsi qu'une autorité entière pour tout ce qui concerne la réception et la transmission des dépêches qui lui seront confiées.

Une cabine de première classe sera gratuitement affectée au logement de l'agent des postes.

La cabine destinée à son logement, ainsi que le local qui devra contenir les dépêches, seront dans les conditions actuellement établies à bord des paquebots de l'Administration dans la Méditerranée.

L'agent des postes sera nourri à la table des passagers de première classe, moyennant 3 francs par jour.

Une embarcation, montée de quatre canotiers au moins, sera mise à sa disposition, mais seulement pour les besoins du service.

Aucune personne, autre que le capitaine ou l'un de ses officiers, n'aura le droit de profiter de cette embarcation dès que les dépêches y seront embarquées.

Dans le cas où le bâtiment serait forcé de mouiller en rade par suite de mauvais temps, l'agent des postes pourra exiger qu'on mette à sa disposition celle des embarcations du bord tenant le mieux à la mer. Dans cette circonstance, un officier devra en prendre le commandement.

----

[1] Le cahier des charges du service de l'Indo-Chine et celui des services transatlantiques contiennent des stipulations analogues.

ART. 25. Dans le cas où un agent de l'inspection générale des finances ou un agent du service des postes en mission seraient embarqués à bord des bâtiments de la compagnie, il leur sera accordé gratuitement un passage de première classe.

ART. 26. Si l'agent des postes chargé du soin des dépêches se trouvait, pendant le cours du voyage, empêché par une cause quelconque de continuer son service, le commandant du bâtiment deviendrait responsable des dépêches, au même titre qu'un agent des postes, jusqu'au premier point de destination, et jusqu'à ce que le service ait été rétabli à bord, et ce sans avoir droit à aucune indemnité à raison de ce fait.

ART. 27. Dans le cas où, par suite d'un accident éprouvé par un des bâtiments de l'entreprise, le voyage commencé ne pourrait s'achever, l'agent des postes sera chargé, si faire se peut, et en s'entendant à ce sujet avec les capitaines et les agents de la compagnie, d'assurer le transport des dépêches par le premier paquebot français ou étranger se rendant au lieu de leur destination, ou en communication avec les points intermédiaires ou correspondants. Les frais de ce transport extraordinaire seront à la charge de la compagnie et retenus par l'Administration sur le payement de la subvention, selon les formes établies par le paragraphe 1er de l'article 44.

ART. 28. Il ne sera reçu à bord que les dépêches et correspondances remises à l'agent des postes pour entrer dans le service postal et les papiers de service comprenant les connaissements et les expéditions du navire, ainsi que la correspondance de la compagnie avec ses agents et de ceux-ci avec elle.

Les paquets devront être placés sous bandes, mais resteront entre les mains du capitaine.

Toutefois, en cas de suspicion de fraude, l'agent des postes aura le droit d'exiger l'ouverture des paquets et procédera à un examen sommaire de leur contenu.

Conformément aux dispositions de l'arrêté du 27 prairial an IX, il est interdit à la compagnie de transporter tous les autres plis cachetés.

Toute contravention aux lois sur le transport des lettres, commise par la compagnie et ses agents, sera punie conformément auxdites lois.

En cas de récidive, et si les circonstances démontraient que le fait de contravention doit être attribué à l'un des agents de la compagnie, cet agent, sur la demande du Ministre, devra être destitué, sans préjudice des peines qu'il aurait encourues.

ART. 29. Si l'Administration décidait la suppression temporaire ou permanente des agents des postes sur les paquebots de la compagnie, les capitaines deviendraient responsables des dépêches, comme il est dit à l'article 26, et ce sans que la compagnie puisse avoir droit à aucune indemnité à raison de ce fait.

L'Administration se réserve, dans ce cas, le droit de prendre telles mesures qu'elle jugerait convenables pour assurer la conservation et l'inviolabilité des dépêches.

. . . .

CHAPITRE X. — DE LA SURVEILLANCE DU SERVICE.

ART. 38. Le service qui fait l'objet du présent cahier des charges sera surveillé par le commissaire du Gouvernement, représentant l'administration des Postes, lequel tiendra la main à ce que les stipulations contenues dans ce cahier des charges soient parfaitement observées.

Il veillera à ce que les bâtiments et les machines soient bien entretenus et en état de faire le service.

Dans les visites et vérifications que le commissaire du Gouvernement fera à bord des paquebots-postes, il aura le droit de se faire accompagner de telle personne qu'il jugera capable de l'assister dans son examen.

Il exigera au besoin, conformément aux dispositions du présent cahier des charges, la réparation et le remplacement des objets dont le mauvais état serait de nature à compromettre la sûreté de la navigation, et la compagnie sera tenue de se conformer sur le champ à ses réquisitions.

Au moment du départ, le tirant d'eau pour la pleine charge sera vérifié par les soins du commissaire du Gouvernement, et, si ce tirant d'eau est dépassé, le débarquement de l'excédant de poids à enlever pour ramener ce bâtiment au tirant d'eau sera exigé.

Le commissaire du Gouvernement s'assurera que l'équipage est au complet, et il exigera que le bâtiment parte à l'heure fixée ou au moins aussitôt après la réception des dépêches à bord.

Il est bien entendu d'ailleurs que le bâtiment ne pourra partir de Marseille avant l'arrivée des dépêches de Paris. Toutefois il ne pourra être retenu plus de six heures sans le consentement de la compagnie.

Cette cause du retard sera constatée sur le journal de bord par le commissaire du Gouvernement.

ART. 39. Les heures de départ et d'arrivée des paquebots dans chaque port seront constatées sur le journal de bord, dont le commissaire du Gouvernement, représentant l'administration des Postes, pourra exiger la communication lorsqu'il le jugera convenable.

. . . .

10.

CHAPITRE XII. — MODE DE PAYEMENT DE LA SUBVENTION ;
ÉPOQUES DES PAYEMENTS.

ART. 43. Moyennant la subvention stipulée par le traité du 28 février 1851, la compagnie fera le service, objet du présent cahier des charges, à ses frais, risques et périls, et toutes les dépenses de nature quelconque, y compris les risques de la mer, seront à sa charge.

ART. 44. Le payement de la subvention sera ordonnancé, à terme échu, par l'administration des Postes, de mois en mois et par douzième, sous réserve des retenues qui auraient pu être prononcées dans les cas prévus au présent cahier des charges.

Les payements auront lieu à Marseille ou à Paris, suivant la demande de la compagnie.

. . . .

2° ALGÉRIE.

. . . .

Remise des dépêches. — Retards. — Amendes.

ART. 15. L'heure de la remise des dépêches au capitaine par le directeur des postes sera fixée par l'Administration des Postes, selon les besoins de son service ; mais la compagnie sera avertie au moins cinq jours à l'avance, de chaque nouvelle fixation. En cas de retard dans l'arrivée des courriers de Paris, le bateau en partance devra attendre le temps nécessaire, sans que le bâtiment puisse être retenu au delà de douze heures, si ce n'est du consentement de la compagnie.

Les dépêches seront prises et portées par les agents de la compagnie aux bureaux de poste des ports d'embarquement et de débarquement autres que Marseille.

Dans ce dernier port, la compagnie se conformera aux mesures adoptées pour les services postaux de la Méditerranée qui font l'objet de la loi du 8 juillet 1851.

Tout retard appréciable dans la remise des dépêches au bureau de l'arrivée, sera signalé par le directeur de la poste aux lettres au sous-intendant militaire qui dressera procès-verbal. Si le retard provient du fait de l'entreprise, et si elle excède trente minutes, elle sera passible d'une amende de 10 francs, par chaque quart d'heure de retard.

Boîte aux lettres.

ART. 16. Une boîte mobile sera attachée au grand mât de chacun des bateaux de la compagnie affectés au service, pour y recevoir les lettres que le public voudrait y déposer avant le départ des paquebots.

Ces boîtes seront construites en bois de chêne et entretenues aux frais des entrepreneurs, elles devront avoir 40 centimètres de hauteur, 26 centimètres de largeur et 20 centimètres de profondeur; elles seront garnies d'une porte fermant à clef et d'un couloir intérieur de 18 centimètres de largeur et de 14 millimètres d'ouverture. Ce couloir sera disposé de manière que les lettres déposées dans les boîtes ne puissent s'en échapper, la boîte étant renversée. Sur la partie extérieure de ces boîtes, une inscription apparente portera les mots : *Boîte aux lettres.*

A l'arrivée des paquebots dans les ports de débarquement, les agents de l'entreprise chargés de transporter les valises au bureau y porteront en même temps la boîte, qui sera ouverte immédiatement par le directeur, et remise auxdits agents après extraction des lettres qui s'y trouveront.

Constatation relative aux dépêches, valises, pertes.

ART. 17. Le directeur des Postes du port d'embarquement constatera la remise des dépêches au moyen d'un part, lequel relatera le nombre de valises renfermant les dépêches, ainsi que l'heure de leur remise aux agents de la compagnie. Les valises seront fournies et entretenues au compte de l'administration des Postes. Cependant la perte ou la détérioration de ces valises qui proviendra de la négligence des agents de la compagnie tombera à sa charge, et elle sera tenue de faire remplacer ou réparer ces objets immédiatement.

En cas de perte d'une ou plusieurs valises, la compagnie ne sera tenue envers l'administration des Postes qu'à la même responsabilité que cette administration elle-même à l'égard du public en pareille circonstance.

En ce qui concerne les espèces, la compagnie aura à se conformer aux dispositions du dernier paragraphe de l'article 7 du présent [1].

Départs, relâches, retards, pénalités.

ART. 21. Le départ de chaque paquebot devra suivre immédiatement la remise des dépêches par le directeur des Postes.

Il ne sera admis de retard que pour cause de temps contraire, ce dont sera juge l'autorité maritime.

[1] ART. 7...... La compagnie sera tenue de transporter gratuitement les espèces que le Gouvernement aura à faire passer en Algérie. Elle aura à se conformer, pour l'embarquement des espèces, ainsi que pour leur placement et leur conservation à bord, aux mesures d'ordre et de prévoyance qui seront déterminées par M. le Ministre des finances.

Si ce retard se prolongeait au delà de vingt-quatre heures, il pourrait être pourvu au service par un nolissement spécial aux frais de la compagnie.

Hors les cas de force majeure dûment constatés et ceux où les paquebots auront été retenus temporairement par l'autorité supérieure, les infractions aux prescriptions concernant les jours et heures de départ, de traversée et d'arrivée, rendront la compagnie passible d'une amende de 50 francs par heure de retard.

Au delà de six heures consécutives de retard non justifié, l'amende pourra être portée à 100 francs par heure.

S'il est prouvé que le retard a eu pour cause l'embarquement tardif des marchandises l'amende sera de 200 francs.

Après douze heures, l'administration prendra, de concert avec les autorités locales, autant que faire se pourra, toutes les dispositions pour assurer le service des dépêches, et les frais qui en résulteront seront mis à la charge de la compagnie.

En cas de relâche forcée, le prix de la nourriture sera dû à la compagnie pour tout le temps qu'elle durera au delà de vingt-quatre heures.

En cas de relâches non justifiées par les circonstances de force majeure, l'amende sera, pour une première relâche, de 1,000 francs, et de 2,000 francs pour la seconde; à la troisième infraction, cette amende pourra être portée à 5,000 francs.

Le montant des amendes fixé conformément aux articles 15 et 21 du présent cahier des charges, sera prélevé par l'Administration sur les sommes dues à la compagnie pour service effectué.

Les entrepreneurs seront responsables, envers l'administration de la guerre, des pertes et avaries provenant de toutes circonstances autres que celles de force majeure dûment constatées; elles seront réglées conformément aux dispositions du livre II du Code de commerce.

. . . .

3° CORSE.

. . . .

CHAPITRE IV. — SURVEILLANCE DU SERVICE.

ART. 11. La surveillance du service appartient au Ministre des Finances, représenté :

1° Par l'Administration générale des Postes, dont le siége est à Paris

2° Par un commissaire du Gouvernement résidant à Marseille, qui correspond directement avec l'Administration des Postes,

3° Par des délégués de ce fonctionnaire dans les ports autres que Marseille. Ces délégués sont choisis de préférence parmi les receveurs des postes locaux.

L'Administration adresse ses ordres à l'entrepreneur ou à ses représentants, soit directement, soit par l'intermédiaire du commissaire du Gouvernement à Marseille.

Le commissaire du Gouvernement peut prescrire, en son nom personnel, dans tous les cas d'urgence.

Ses délégués lui adressent des rapports périodiques et prennent ses instructions sur la suite à donner à leurs observations.

L'action du Gouvernement consiste :

A veiller à la régulière exécution du traité,

A signaler à l'Administration des Postes les infractions qui pourraient se produire, et à requérir, s'il y a lieu, l'application des pénalités encourues,

A indiquer les modifications qu'il paraîtrait utile d'introduire tant dans l'organisation du service que dans le matériel naviguant.

ART. 12. Le Ministre des Finances pourra, en outre, charger de missions d'inspection extraordinaire tout agent de son département qu'il jugera à propos de désigner. Dans ce cas, la compagnie sera tenue de donner audit agent un passage gratuit de première classe, de telle sorte que celui-ci n'ait à acquitter que les frais de nourriture à bord.

ART. 13. Le commissaire du Gouvernement, ses délégués et les agents en mission, pourront exiger la communication des journaux de bord chaque fois qu'ils le croiront utile.

Ils auront le droit de faire des visites et des vérifications à bord des paquebots et de se faire accompagner, dans ces sortes de cas, de telles personnes qu'ils jugeraient capables de les assister dans leur examen.

CHAPITRE VI. — DES PAQUEBOTS.

ART. 23. Si, dans les visites qu'ils feront à bord, le plus fréquemment possible, avant les départs, le commissaire du Gouvernement à Marseille ou ses délégués dans les ports de Nice et de la Corse, reconnaissent que quelques circonstances s'opposent à ce qu'un paquebot puisse prendre la mer sans compromettre le service postal et la sûreté des personnes, ils constateront leur opinion par un procès-verbal motivé et ils provoqueront, le premier une réunion de la commission permanente; les seconds, une vérification par la commission ordinaire des bateaux à vapeur.

Faute par l'entrepreneur de satisfaire aux injonctions de ces commissions, il sera pris les mesures nécessaires pour assurer l'expédition des dépêches au jour fixé au moyen d'un nolissement et aux frais et risques de l'entrepreneur.

. . . .

CHAPITRE VIII. — DE LA RÉCEPTION, DE LA CONSERVATION ET DE LA REMISE DES DÉPÊCHES.

ART. 26. L'entrepreneur s'engage à faire prendre, par ses propres moyens, dans les bureaux de poste qui lui seront désignés, et aux heures que l'Administration fixera, les dépêches à transporter. Il les fera conduire à bord par ses embarcations. De même, s'il s'agit de remettre des dépêches à un établissement de poste, il les fera mettre à quai et convoyer ensuite jusqu'à cet établissement.

Toutes les mesures nécessaires seront adoptées pour que ces opérations s'accomplissent avec sûreté, sans risques d'avarie et sans déperdition de temps.

A bord du paquebot, les dépêches seront remisées dans une cabine ou dans tout autre local convenable, dont la clef restera sous la garde du capitaine. Cet officier sera spécialement chargé, sous la responsabilité de l'entrepreneur, de la conservation des correspondances.

Il y aura des boîtes mobiles pour recevoir les lettres que le public voudrait y déposer avant le départ. Le modèle et l'usage de ces boîtes seront déterminés par l'Administration.

A l'arrivée des paquebots dans chaque port, les agents de l'entreprise, chargés de transporter les dépêches au bureau de poste, y porteront en même temps la boîte, qui sera ouverte immédiatement par le chef de l'établissement, et rendue auxdits agents, après un tri des objets qui s'y trouveront inclus.

ART. 27. Les receveurs des postes constateront la remise des dépêches au moyen d'un part, lequel mentionnera le nombre de valises, sacs ou paquets cachetés, ainsi que l'heure de la livraison aux agents de l'entrepreneur.

Les valises seront fournies et entretenues au compte de l'Administration des Postes. Cependant, si l'une d'elles venait à se perdre ou à se détériorer par manque de soins, l'entrepreneur serait tenu de pourvoir, à ses frais, soit à la réparation, soit au remplacement.

ART. 28. En cas de perte d'une ou plusieurs valises ou dépêches closes, l'entrepreneur aura envers l'Administration des Postes la même mesure de responsabilité que cette administration vis-à-vis de tiers intéressés.

ART. 29. L'entrepreneur s'engage à transporter, sans limitation de poids, toutes les dépêches que l'Administration des Postes jugera à propos de lui confier à destination des points desservis par ses paquebots. Cette obligation, ainsi que celle de la gratuité, s'appliquera même aux traversées facultatives qui auraient lieu du continent sur la Corse, et *vice versa*.

La gratuité du transport des dépêches sera de droit sur toutes les lignes que l'entrepreneur viendrait à ajouter spontanément, et sans rétribution de l'État, aux services, objet du présent marché.

ART. 30. Il ne sera reçu à bord ni dépêches ni correspondances, ni journaux ou imprimés quelconques, autres que ceux qui seront remis par les bureaux de poste, et les papiers de service comprenant les connaissements et les expéditions du navire ; enfin les instructions manuscrites de l'entrepreneur à ses agents. Ces papiers de service, ainsi que ces instructions, devront être placés sous bandes.

Conformément aux dispositions de l'arrêté du 27 prairial an IX, il est interdit à l'entrepreneur de transporter, en dehors des malles, aucun pli cacheté.

Sous aucun prétexte, les capitaines, officiers, gens d'équipage, les passagers ou leurs serviteurs, ne pourront recevoir ou transmettre aucune lettre ou correspondance imprimée, sans se rendre passibles des peines portées par la loi contre les auteurs de transports frauduleux.

En cas de récidive de la part de l'agent de l'entrepreneur, ce dernier devra, si l'Administration juge à propos de lui en imposer l'obligation, destituer le délinquant des fonctions par lui occupées.

Des avis imprimés, relatifs à l'interdiction du transport des correspondances, seront affichés sur le pont ainsi que dans les salles des voyageurs. Ces avis seront fournis par l'Administration des Postes et placés, aux frais de l'entrepreneur, dans des cadres garnis de grillages pour en empêcher la détérioration.

. . . .

CHAPITRE IX. — DU TRANSPORT DES PASSAGERS ET DES MARCHANDISES.

. . . .

ART. 33. Les passagers fonctionnaires civils ou militaires, voyageant en vertu d'une réquisition de l'Administration, seront admis sur les paquebots de la Compagnie, avec leur famille et leur suite, à 30 p. o/o de rabais sur les prix adoptés par la compagnie, en produisant leur commission, lettre de service ou feuille de route.

ART. 34. Le produit du transport des passagers et des marchandises appartiendra exclusivement à l'entrepreneur.

D'un autre côté, le produit de la taxe des lettres, journaux et imprimés appartiendra à l'Administration des Postes seule.

. . . .

CHAPITRE X. — PÉNALITÉS.

. . . .

ART. 41. Les amendes seront appliquées par l'Administration des

Postes, sur le rapport du commissaire du Gouvernement ou de ses délégués. Préalablement, l'entrepreneur devra être entendu dans ses explications.

L'Administration des Postes prendra, dans tous les cas de quelque gravité, les ordres du Ministre des finances.

. . . .

CHAPITRE XIV. — DISPOSITIONS DIVERSES.

ART. 50. L'entrepreneur ne pourra, sans en prévenir l'Administration et avoir obtenu son assentiment, entreprendre l'exécution d'aucun service postal, subventionné ou non, dans la Méditerranée, pour le compte d'un gouvernement étranger.

S'il reçoit une autorisation de cette nature, il s'attachera à conserver au service national ses meilleurs navires. Il aura néanmoins la faculté d'employer alternativement tous ceux qu'il possédera aux deux exploitations et de les remplacer les uns par les autres, suivant les besoins.

. . . .

4° DE CALAIS À DOUVRES.

. . . .

CHAPITRE III. — SURVEILLANCE DU SERVICE.

ART. 9. Le receveur des Postes à Calais remplira les fonctions de commissaire du Gouvernement ; il sera chargé :

1° De veiller à la rigoureuse exécution des clauses du présent marché ;

2° De signaler à l'Administration des Postes les infractions qui pourraient y être faites ;

3° D'indiquer les modifications qu'il paraîtrait utile d'introduire dans l'organisation du service ;

4° De visiter les navires chaque fois qu'il le croira nécessaire, en se faisant accompagner, à cet effet, des personnes qu'il jugera capables de l'assister dans son examen.

. . . .

CHAPITRE IV. — DES PAQUEBOTS.

ART. 18. Dans le cas où le commissaire du Gouvernement à Calais jugerait que le paquebot ne peut mettre en mer sans compromettre le service postal et la sûreté des personnes, il aurait le droit d'exiger que le paquebot fût remplacé. Faute par la compagnie de satisfaire à ses injonctions, il devrait prendre telle mesure qu'il jugerait utile pour assurer le départ des dépêches à l'heure fixée, sur un autre bâtiment aux frais, risques et périls de la compagnie.

. . . .

CHAPITRE VII. — DE L'AGENT DES POSTES À BORD.

ART. 21. Il pourra y avoir à bord de chaque paquebot un agent l'Administration des Postes, auquel seront confiées la réception, la conservation et la transmission des dépêches.

L'agent des postes aura un caractère officiellement reconnu par toutes les personnes du bord, ainsi qu'une autorité entière pour tout ce qui concerne la réception et la transmission des dépêches qui lui seront confiées.

Une embarcation convenable, montée par quatre hommes au moins et un patron, sera mise à sa disposition, toutes les fois que les dépêches devront être embarquées ou débarquées en rade de Calais et de Douvres.

Un canot convenable sera également mis à sa disposition à Deal, quand l'embarquement ou le débarquement ne pourra s'effectuer à Douvres.

ART. 22. Les hommes du bord ou les hommes des canots seront tenus de recevoir les dépêches et de les embarquer, ainsi que d'en charger et d'en décharger la voiture à Calais, à Douvres et à Deal.

ART. 23. Les dépêches seront placées à bord dans un local parfaitement sec séparé des bagages et à l'abri des coups de mer. Ce local sera clos, et l'agent des postes en conservera la clef.

ART. 24. L'agent des postes aura droit à l'entrée des salons réservés aux passagers de première classe.

ART. 25. Si l'agent des postes chargé du soin des dépêches se trouvait, pendant le cours du voyage, empêché par une cause quelconque de continuer son service, le commandant du bâtiment deviendrait responsable des dépêches au même titre qu'un agent des postes, jusqu'au retour du paquebot à Calais, et ce, sans avoir droit à aucune indemnité à raison de ce fait.

ART. 26. Si l'Administration des Postes décidait la suppression temporaire ou permanente des agents des postes sur les paquebots affectés au transport des dépêches entre Calais et Douvres, les capitaines deviendraient responsables des dépêches comme il est dit à l'article 25 ci-dessus, et ce, sans que la compagnie puisse avoir droit à aucune indemnité à raison de ce fait.

L'Administration se réserve, dans ce cas, le droit de prendre telles mesures qu'elle jugerait convenables pour assurer la conservation et l'inviolabilité des dépêches.

Art. 27. Dans le cas où un agent de l'inspection générale des finances, ou un agent du service des postes en mission relative au service de la correspondance, serait embarqué à bord des bâtiments de la compagnie, il lui sera accordé gratuitement un passage de première classe, nourriture comprise.

Art. 28. Il ne sera reçu à bord que les dépêches et correspondances remises à l'agent des postes pour entrer dans le service postal et les papiers de service comprenant les connaissements et les expéditions du navire, ainsi que les instructions de la Compagnie à ses agents.

Conformément aux dispositions de l'arrêté du 27 prairial an IX, il est interdit à la Compagnie de transporter aucun pli cacheté ou non cacheté.

Les papiers de service et instructions de la Compagnie devront être placés sous bandes et pourront rester entre les mains du capitaine. Toutefois, en cas de suspicion de fraude, l'agent des postes aura le droit d'en exiger l'ouverture et de procéder a un examen sommaire de leur contenu.

Sous aucun prétexte, les capitaines, officiers, gens d'équipage et les passagers ne pourront recevoir ni transmettre aucune lettre ni dépêche, ou correspondance, ou imprimé.

Les contrevenants encourront les peines portées par la loi contre le transport frauduleux des lettres.

En cas de récidive, et si les circonstances démontraient que le fait de contravention doit être attribué à l'un des agents principaux de la Compagnie, ce fait pourrait entraîner la résiliation du marché, sans préjudice des peines légales.

ÉTAT

DES RECETTES ET DES DÉPENSES

DE

L'ADMINISTRATION DES POSTES,

DEPUIS 1816 JUSQU'EN 1873.

Document établi par l'Administration centrale des Postes d'après les comptes définitifs
des budgets, jusques et y compris l'exercice 1868.)

	1816.	1817.	1818.	1819.	1820.	1821.
	fr.	fr.	fr.	fr.	fr.	fr.
Produit net de la taxe des lettres, journaux, imprimés, échantillons et cartes postales..........................	19,825,211	20,265,679	20,937,077	20,939,102	20,799,720	21,107..
Droit perçu sur les articles d'argent.....	414,329	421,295	384,646	422,785	481,165	455..
Produit des places dans les malles-postes.	147,680	109,056	109,976	1,045,913	1,289,440	1,588..
——————— dans les paquebots....	"	"	"	"	71,775	69..
Solde des comptes des offices étrangers...	542,752	523,875	540,797	508,481	478,581	502..
Recettes diverses et accidentelles........	43,031	12,964	10,159	53,461	36,099	169..
TOTAL des recettes................	20,973,003	21,332,869	21,982,655	22,969,742	23,156,780	23,892..
Montant des dépenses effectuées........	9,174,939	9,090,274	9,334,534	11,049,407	11,603,486	12,276..
EXCÉDANT des recettes sur les dépenses.	11,798,064	12,242,595	12,648,121	11,920,335	11,553,294	11,616..

Avant 1789, le produit net de la ferme des postes s'élevait à 10,300,000 livres, et celui de la ferme des messageries à 1,100,000 livres. (Necker, de l'*Administration des finances de France*).

1823. Les dépenses résultant du service des postes à l'armée d'Espagne se sont élevées à 2,422,167...

1824. Les mêmes dépenses, pour l'année 1824, ont été de 383,271 francs.

1825. Les dépenses extraordinaires des relais, à l'occasion du sacre du roi, se sont élevées à 407,518...

1830. Création du service rural à partir du 1er avril 1830.

    Les salaires des facteurs ruraux sont compris dans le chiffre des dépenses pour 1,586,623f 7c...

    L'article 2 de la loi du 3 juin 1829 frappe d'une taxe d'un décime en sus de la taxe ordinaire les lettres de et pour les communes rurales, circulant de bureau à bureau.

	1823.	1824.	1825.	1826.	1827.	1828.	1829.	1830.
	fr.	fr.	fr.	fr.	fr.	fr.	fr.	fr.
868	22,780,634	23,703,029	24,724,718	24,762,067	24,755,860	27,211,701	27,125,953	30,134,806
240	605,986	586,795	561,724	634,283	562,539	621,289	655,509	659,876
245	1,470,020	1,561,281	1,627,086	1,564,122	1,585,553	2,119,538	2,279,374	2,272,667
723	31,498	34,111	53,364	61,757	66,420	48,069	41,090	29,839
991	458,676	526,744	571,960	571,449	557,166	525,684	639,000	610,620
236	17,532	75,081	13,789	32,560	23,267	19,339	19,493	19,841
303	25,364,346	26,487,041	27,552,641	27,626,238	27,550,805	30,545,620	30,760,419	33,727,649
239	15,140,336	13,682,111	13,300,461	13,004,682	13,186,881	16,651,396	16,505,875	18,710,923
064	10,224,010	12,804,930	14,252,180	14,621,556	14,363,924	13,894,224	14,254,544	15,016,726

	1831.	1832.	1833.	1834.	1835.	18??
	fr.	fr.	fr.	fr.	fr.	fr
Produit net de la taxe des lettres, jour-naux, imprimés, échantillons et cartes postales......................	30,073,631	31,110,030	32,042,484	32,901,088	33,909,077	35,618,
Droit perçu sur les articles d'argent.....	900,897	914,115	886,294	821,479	790,463	7,7
Produit du transport des matières d'or et d'argent et des marchandises par les paquebots......................	»	»	»	»	»	
Produit des places dans les malles-postes.	1,781,346	1,562,239	1,816,741	1,751,091	1,643,810	1,72?,
——————— dans les paquebots....	»	»	11,632	56,553	87,723	11?
Solde des comptes des offices étrangers...	592,553	564,680	586,462	630,241	648,736	67?
Recettes diverses et accidentelles........	18,043	13,540	18,293	27,501	26,348	??
Total des recettes...............	33,366,470	34,164,604	35,361,906	36,187,953	37,106,157	38,9?0,
Montant des dépenses effectuées........	18,444,825	17,416,731	18,556,469	18,269,306	21,499,078	22,141,
Excédant des recettes sur les dépenses.	14,921,645	16,747,873	16,805,437	17,918,647	15,607,079	16,8?8,

1835. Les frais de construction et d'ameublement des paquebots à vapeur de la Méditerranée se sont élevés à 3,000,392 fr. 57 cent.

1836. Les dépenses pour le même objet ont atteint le chiffre de 2,971,378 fr. 50 cent.

1837. Le service en régie des paquebots dans la Méditerranée a été ouvert le 1er mai 1837.

Les dépenses pour construction de ces paquebots se sont élevées à 887,393 fr. 96 cent.

1839. Le rachat des malles de 1re et de 2e section et les dépenses de construction de nouvelles malles-postes ont grevé le budget de 973,493 fr. 90 cent.

1840. Le complément des dépenses résultant du rachat des malles-postes affectées aux routes de 2e section, s'est élevé à.................................... 16,050f 0?0

La construction de vingt nouvelles malles a coûté............... 105,500 0?0

Le renouvellement de quatre chaudières des paquebots du Levant, l'achat d'argenterie pour la table des passagers et les frais de premier établissement de deux nouveaux paquebots présentent ensemble un chiffre de dépense de.................................... 828,939 8.8

Des malles spéciales ont été construites pour le transport des dépêches d'Angleterre à destination de l'Inde et ont coûté.................... 17,468 2?2

Total des dépenses extraordinaires.......... 967,958 0?0

1837.	1838.	1839.	1840.	1841.	1842.	1843.	1844.	1845.
fr.	fr.	fr.	fr.	fr.	fr.	fr.	fr.	fr.
54,566	38,348,293	39,472,869	40,617,505	42,303,369	43,059,650	43,307,777	44,635,206	46,678,388
08,657	847,473	880,617	970,263	1,094,776	1,083,589	1,002,750	1,015,159	1,036,795
52,030	107,283	100,465	87,355	183,830	122,341	119,344	106,942	116,489
55,987	1,562,413	1,597,477	1,892,286	2,235,905	2,274,000	1,999,446	2,232,921	2,388,138
42,515	842,421	1,237,333	1,202,702	984,400	968,404	1,083,242	1,199,395	1,118,051
07,954	640,159	838,149	1,293,292	1,294,819	1,284,045	1,182,571	1,134,398	1,116,943
16,772	36,062	32,185	31,301	61,467	93,496	82,717	62,045	58,864
58,281	42,384,104	44,159,095	46,094,704	48,158,566	48,885,525	48,777,847	50,386,066	52,513,668
59,262	23,098,970	24,107,217	25,560,881	26,253,551	31,557,657	31,569,775	31,089,389	31,730,040
99,019	19,285,134	20,051,878	20,533,823	21,905,015	17,327,868	17,208,072	19,296,677	20,783,628

11. Construction de nouveaux paquebots à affecter au service de Marseille à Alexandrie et en Corse, 510,699 fr. 60 cent.

12. Les dépenses pour les mêmes objets se sont élevées à 4,674,958 fr. 53 cent.

13. Mêmes motifs.................................... 2,574,647^f 05^c ⎫
    Construction de malles Briska................. 169,850 00 ⎬ 2,744,497^f 05^c

14. Dépense de construction de deux paquebots destinés au service de Marseille à Alexandrie, 458,377 fr. 96 cent.

15. Construction et frais de premier établissement de paquebots à affecter au service de Calais à Douvres et de Marseille à Alexandrie, 228,056 fr. 47 cent.

	1846.	1847.	1848.	1849.	1850.⸱⸲
	fr.	fr.	fr.	fr.	fr.
Produit net de la taxe des lettres, journaux, imprimés, échantillons et cartes postales..........	48,405,296	47,750,385	47,816,861	36,582,009	38,461,⸱,1
Droit perçu sur les articles d'argent.............	1,119,518	780,514	980,189	1,094,428	1,093,⸱,8
———— sur les valeurs déclarées et cotées.....	"	"	"	"	"
Produit du transport des matières d'or et d'argent et des marchandises par les paquebots.........	213,890	412,951	418,728	517.410	476,⸱,0
Produit des places dans les malles-postes........ .	2,203,489	2,048,019	1,583,523	1,474,751	1,122,⸱8
———— dans les paquebots............	1,170,434	1,145,166	1,281,442	1,459,973	1,312,⸱8
Solde des comptes des offices étrangers..........	1,116,732	1,103,679	822,070	775,942	943,⸱8
Recettes diverses et accidentelles................	47,218	40,482	30,347	41,615	132,⸱9
TOTAL des recettes...................	54,276,577	53,287,196	52,932,960	41,946,128	43,541,⸱1
Montant des dépenses effectuées...............	34,139,656	34,944,325	35,972,187	35,083,208	33,474,⸱1
EXCÉDANT des recettes sur les dépenses...	20,136,921	18,342,871	16,960,773	6,862.920	10,067,⸱1

1846. Jusqu'en 1846, les matières d'or et d'argent pouvaient seules être transportées par les paquebots de la Méditerranée. Une ordonnance royale, en date du 19 août 1845, autorise le transport de certaines marchandises.

    Construction et frais de premier établissement de trois paquebots à affecter au service postal de Calais à Douvres .... 586,206ᶠ 27ᶜ ⸱⸲

    Construction de bureaux ambulants et frais extraordinaires du transport des dépêches occasionnés par les inondations .... 323,944 49 ⸱⸲

1847. Loi du 3 juillet 1846 portant, d'une part, suppression de la taxe d'un décime, établie par l'article loi de la loi du 3 juin 1829, sur les lettres recueillies ou adressées dans les communes où il n'existe pas de bureau de poste (décime rural); et, d'autre part, réduction de 5 à 2 p. 0/0 o droit perçu sur les envois d'argent et sur les valeurs cotées.

    Construction de trois paquebots pour le service de Calais à Douvres.. 469,006ᶠ 07ᶜ ⸱⸲

    Subvention pour pourvoir au maintien des communications en poste sur les routes parallèles aux chemins de fer en construction......... 172,400 00 ⸲

        TOTAL des dépenses extraordinaires.......... 641,406 07 ⸲

1848. Construction et frais de premier établissement de trois paquebots pour le service de Calais à Douvres... 323,654ᶠ 43ᶜ ⸲

    Frais de fabrication des timbres-postes......................... 49,041 34 ⸲

    Subvention pour pourvoir au maintien des communications en poste sur les routes parallèles aux chemins de fer en construction......... 281,702 00 ⸲

        TOTAL des dépenses extraordinaires.......... 654,397 77 ⸲

1849. *Réforme postale.* — Décret-loi de l'Assemblée nationale du 24 août 1848, portant réduction à 20 centimes, à partir du 1er janvier 1849, de la taxe des lettres circulant de bureau à bureau et de celles de et pour la Corse et l'Algérie

1851.	1852.	1853.	1854.	1855.	1856.	1857.	1858.	1859.
fr.	fr.	fr.	fr.	fr.	fr.	fr.	fr.	fr.
607,540	43,479,109	45,886,992	50,019,801	49,544,698	51,565,341	52,010,082	53,034,882	56,688,359
095,450	1,124,061	1,199,515	1,539,079	1,710,317	1,746,756	1,666,608	1,625,168	1,829,243
"	'	"	"	"	"	'	.	158,661
428,190	8	35	"					"
887,073	624,057	504,344	418,455	268,554	143,269	14,738	..	"
058,796	74,265	54,374	55,916	7,773	.	"		'
022,182	1,182,771	1,288,780	1,206,900	2,168,887	1,959,546	1,957,608	2,555,327	2,561,231
119,272	39,814	462,136	388,291	454,140	379,638	352,055	340,578	337,384
218,503	46,524,085	49,396,176	53,628,442	54,154,369	55,794,550	56,001,091	57,555,955	61,574,878
280,238	32,542,412	32,219,947	33,287,856	35,316,888	35,438,845	35,386,135	36,723,955	37,400,323
938,265	13,981,673	17,176,229	20,340,586	18,837,481	20,355,705	20,614,956	20,832,000	24,174,555

50. Élévation de 20 à 25 centimes, à partir du 1er juillet 1850, de la taxe des lettres circulant de bureau à bureau (loi du 16 mai 1850).

Loi du 10 juillet 1850 portant concession à MM. Valéry frères de l'entreprise du transport des dépêches entre Marseille et la Corse et autorisant le Ministre des finances à leur céder le paquebot *le Bastia* moyennant la somme de 220,000 francs, sur lesquels 100,000 francs devaient être payés comptant et l'excédant sur la subvention accordée.

Ce service a fonctionné à partir du 1er juillet 1850 et a entraîné, pour 1850, une dépense nette de 26,847 fr. 35 cent.

351. Loi du 8 juillet 1851 approuvant le marché passé avec la société des Messageries nationales pour l'exploitation du service postal de la Méditerranée et autorisant la cession à cette société d'une partie du matériel naval et des approvisionnements, à des conditions à déterminer par experts.

La cession a eu lieu aux conditions suivantes :

13 paquebots.	3,318,008f 00c
Matériel existant dans les magasins	400,234 50
TOTAL.	3,718,242 50

Cette somme a été payée, savoir : 1 million de francs au mois d'août 1851 et le surplus en dix annuités productives d'intérêt au taux de 4 p. 0/0. Le dernier payement a été effectué le 1er octobre 1861.

Le service postal par la compagnie des Messageries nationales a fonctionné à partir du mois de septembre 1851.

852. Subvention à la compagnie des Messageries nationales pour le service postal dans la Méditerranée, 3,000,000 francs.

	1860.	1861.	1862.	1863.	1864.
	fr.	fr.	fr.	fr.	fr.
Produit net de la taxe des lettres, journaux, imprimés, échantillons et cartes postales..........	58,656,688	61,330,183	64,073,808	67,216,365	68,235,630.
Droit perçu sur les articles d'argent............	1,712,602	1,769,441	1,772,146	1,077.372	1,103,910.
———— sur les valeurs déclarées et cotées.....	456,026	550,650	634,487	664,672	757,121.
Solde des comptes des offices étrangers..........	2,668,796	2,771,487	3,383,828	3,947,553	4,234,930.
Recettes diverses et accidentelles..............	338,423	344,011	43,668	34,250	61,080.
TOTAL des recettes...................	63,832,535	66,765,772	69,907,937	72,940,212	74,392,705.
Montant des dépenses effectuées..............	39,670,635	41,961,479	47,542,648	51,593,662	54,182,298.
EXCÉDANT des recettes sur les dépenses....	24,161,900	24,804,293	22,365,289	21,346,550	20,210,4??

1853. Loi du 7 mai 1853 qui réduit de 15 à 10 centimes les lettres de Paris pour Paris affranchies en Les suppressions de malles-postes ont été l'occasion d'une réduction de dépenses de 900,000 francs.

Les subventions payées aux compagnies Valéry et des Messageries nationales pour le service de la Méditerranée se sont élevées à 3,249,999 fr. 96 cent.

Le prix du service de Marseille en Corse, fixé d'abord à 250,000 francs par an, puis à 290,000 francs par suite du prolongement du service jusqu'à Porto-Torrès, a été payé, jusqu'en 1852, sur les crédits affectés aux transports par mer; il en a été distrait en 1853, et figure, à partir de cette époque, aux dépenses prévues sous la rubrique : *Subventions*.

1854. Réduction de 25 à 20 centimes de la taxe des lettres affranchies circulant de bureau à bureau, à compter du 1ᵉʳ juillet 1854, et élévation de 25 à 30 centimes de la taxe de ces mêmes lettres en cas de non-affranchissement ou d'affranchissement insuffisant (loi du 20 mai 1854). Suppression des lettres recommandées. Organisation des bureaux ambulants.

Les timbres-postes sont pris en charge, pour la valeur qu'ils représentent, dès leur réception au garde-magasin central, au lieu de n'être portés en recette qu'au fur et à mesure de leur débite. Une remise de 2 p. 0/0 sur le prix des timbres-postes est allouée aux préposés chargés de la vente.

Le montant total des subventions payées s'élève à 3,859,782 fr. 65 cent.

1855. *Guerre de Crimée.* — La diminution que présente le produit de la taxe des lettres, par rapport à 1854, est plus apparente que réelle. Elle provient de ce qu'en 1854 les receveurs se sont chargés en recette du stock des timbres-postes existant au 31 décembre 1853, tandis que les comptes de 1855 ne comprennent que la valeur des timbres-postes réellement reçus du 1ᵉʳ janvier au 31 décembre.

Le chiffre des subventions figure dans le montant des dépenses pour 5,224,451 fr. 54 centimes.

Par suite de services supplémentaires effectués dans la mer Noire et sur le Danube, pendant la guerre de Crimée, la subvention payée à la compagnie des Messageries nationales s'est élevée de 3,569,782 fr. 73 cent. à 4,776,118 fr. 32 cent.

Le service de Calais à Douvres a cessé d'être effectué en régie dans les premiers mois de 1855 (décret du 2 février 1852).

1856. Loi du 25 juin 1856 sur le transport des journaux, imprimés, échantillons et papiers d'affaires, mise à exécution dès le 1ᵉʳ août suivant.

Loi du 2 mai 1855 imposant aux greffiers des justices de paix l'obligation d'expédier par la poste les avertissements en conciliation.

1865.	1866.	1867.	1868.	1869.	1870.	1871.	1872.	1873.
fr.	fr.	fr.	fr.	fr.	fr.	fr.	fr.	fr.
041,107	74,507,302	78,581,664	81,319,585	86,579,734	66,500,484	87,603,080	102,118,284	105,150,025
221,823	1,353,098	1,488,124	1,597,141	1,678,549	1,584,619	1,667,710	1,773,833	1,111,788
842,487	938,517	991,145	1,058,495	1,116,009	487,496	"	"	"
526,122	5,418,405	5,283,224	5,226,171	5,439,631	4,285,500	2,364,208	3,927,916	4,115,714
52,767	56,769	69,208	91,520	46,423	20,000	22,000	29,000	45,451
684,306	82,274,091	86,413,365	89,292,912	94,860,346	72,878,105	91,657,058	107,849,033	110,422,978
211,408	61,237,396	62,182,197	63,507,232	65,209,514	67,507,979	67,254,664	72,251,400	72,237,134
472,898	21,036,695	24,231,168	25,785,680	29,650,832	5,370,126	24,402,394	35,597,633	38,185,844

356. Loi de finances du 5 mai 1855, relative au recouvrement des taxes pour transport de correspondances, comprises dans les frais judiciaires.

Le montant des subventions payées aux compagnies Valéry, des Messageries nationales et du service de Calais à Douvres s'est élevé à 5,256,118 fr. 20 cent.

357. Suppression, à partir du 23 avril 1857, de la dernière malle-poste (de Toulouse à Montpellier).

Subventions payées aux compagnies concessionnaires des services maritimes de la Corse, de la Méditerranée et de Calais à Douvres, 5,256,118 fr. 20 cent.

358. Subventions aux mêmes compagnies, 5,256,118 fr. 20 cent.

359. *Guerre d'Italie.*

Création des chiffres-taxes, à partir du 1ᵉʳ juin 1859.

Loi du 4 juin 1859 sur le transport par la poste des valeurs déclarées, mise à exécution au mois de juillet suivant.

Création des avis de réception d'objets chargés, passibles d'une taxe de 10 centimes (arrêté ministériel du 6 juillet 1859).

Le droit perçu sur les valeurs cotées, qui avait été compris jusque-là dans le produit de la taxe des lettres, est confondu avec le montant des droits perçus sur les valeurs déclarées.

Subventions aux compagnies concessionnaires des services maritimes de Corse, de la Méditerranée et de Calais à Douvres, 5,309,158 fr. 32 cent., y compris les dépenses résultant d'un service établi temporairement entre Marseille et Gênes pendant la guerre d'Italie.

360. *Expédition de Syrie.*

Subventions aux compagnies concessionnaires des services maritimes de Corse, de la Méditerranée, de Calais à Douvres et du Brésil et de la Plata, 6,702,151 fr. 15 cent.

Le service du Brésil et de la Plata, ouvert en juillet 1860, a donné lieu à une dépense de 1,347,355 fr. 91 cent.

La subvention de la compagnie des Messageries nationales s'est également accrue d'un chiffre qui ne peut être précisé, à l'occasion d'escales nouvelles nécessitées par l'expédition de Syrie.

361. Subventions aux mêmes compagnies, 7,582,678 fr. 77 cent.

1862. La remise sur le prix des timbres-postes vendus est réduite de 2 à 1 p. o/o.

    Subventions aux compagnies concessionnaires des services maritimes de Corse, de la Méditerranée, de Calais à Douvres, du Brésil et de la Plata, des Antilles et du Mexique, et de l'Indo-Chine, 10,662,647 fr. 22 cent.

    Le service des Antilles et du Mexique (guerre du Mexique) a commencé en avril 1862, et le service de l'Indo-Chine a fonctionné en octobre de la même année.

1863. Loi du 2 juillet 1862 qui réduit de 2 à 1 p. o/o la taxe à percevoir sur les envois de fonds et sur la valeur des objets précieux confiés à la poste et modifie la taxe des lettres nées et distribuables dans la circonscription d'un bureau de poste.

    Subventions aux mêmes compagnies, 16,065,474 fr. 45 cent.

    Création d'un service entre Nice et la Corse, moyennant une subvention annuelle de 350,000 francs.

1864. Loi du 9 mai 1863 qui établit une taxe supplémentaire sur les lettres expédiées après la dernière levée.

    Mandats d'articles d'argent internationaux. Convention du 8 avril 1864 avec l'Italie, mise à exécution à partir du 1er octobre suivant.

    Le produit des droits sur les mandats internationaux s'est élevé à 4,530 francs.

    Subventions aux compagnies des divers services maritimes, 17,701,388 francs, y compris une somme de 834,615 fr. 32 cent. pour le service du Havre à New-York, ouvert en juin 1864, à raison d'un voyage par quatre semaines.

1865. Mandats d'articles d'argent internationaux. Convention du 22 mars 1865 avec la Suisse, mise à exécution à dater du 1er octobre suivant.

    Le produit des droits perçus sur les mandats internationaux s'est élevé à 27,106 francs.

    Subventions aux diverses compagnies chargées des services maritimes, 20,335,012 fr. 30 cent.

    Décroissance de 100,000 francs par an sur la subvention de la compagnie des Messageries nationales pour le service de la Méditerranée, prévue par l'article 3 de la convention du 23 février 1851.

1866. Mandats d'articles d'argent internationaux. Convention du 1er mars 1865 avec la Belgique, mise à exécution le 1er janvier 1866.

    Le produit des droits perçus sur les mandats internationaux s'est élevé à 58,431 francs.

    Subventions aux diverses compagnies chargées des services maritimes, 23,737,624 fr. 79 cent.

    Ligne des Antilles. Service complet. Ouverture de la ligne du Vénézuéla.

    Ligne de New-York. Ouverture d'un service bimensuel à partir du mois de mars 1866.

    Ligne de l'Indo-Chine. Service complet.

1867. *Exposition universelle.* — L'accroissement exceptionnel des recettes est dû à cette circonstance.

    Le produit des droits perçus sur les mandats internationaux s'est élevé à 61,215 francs.

    Subventions aux diverses compagnies des services maritimes, 23,854,722 fr. 65 cent.

    Service de l'Indo-Chine. Décroissance de 500,000 francs sur la subvention, à dater du 1er juillet 1867.

1868. Mandats internationaux. Convention du 28 janvier 1868 avec le grand-duché de Luxembourg exécutée dès le 1er avril suivant.

    Le produit des droits perçus sur les mandats internationaux s'est élevé à 65,660 francs.

    Subventions aux diverses compagnies des services maritimes, 24,519,516 fr. 23 cent.

1869. Le compte définitif des recettes et des dépenses publié annuellement par le ministère a cessé d'être à partir de 1869 inclusivement.

    Les chiffres inscrits au présent tableau, sans présenter le même caractère d'exactitude rigoureuse que ceux des exercices antérieurs, ne doivent pas néanmoins s'éloigner sensiblement de la vérité.

    Le produit des droits perçus sur les mandats internationaux s'est élevé à 77,522 francs.

    Subventions aux compagnies des services maritimes, 25,399,721 fr. 30 cent., y compris une subvention éventuelle de 2 millions de francs payés à la compagnie Transatlantique pour le service du Mexique et des Antilles.

1870. *Guerre franco-allemande.*

    Arrêté ministériel du 16 avril 1870, mis à exécution à partir du 1er juin suivant, portant suppression de la perception en numéraire des droits sur les valeurs déclarées et cotées et représentation de ces droits par des timbres-postes. Les droits perçus en numéraire se sont élevés pour les cinq premiers mois, à 487,495 fr. 73 cent., et les taxes des sept derniers mois, représentées par des timbres-postes, ont été de 436,135 fr. 04 cent., ensemble 923,630 fr. 77 cent.

Loi du 24 juillet 1870 accordant la franchise aux lettres de et pour les militaires aux armées en campagne et exemptant des droits de poste et de timbre les mandats d'articles d'argent n'excédant pas 50 francs, adressés à ces mêmes militaires.

Les droits perçus sur les mandats d'articles d'argent internationaux se sont élevés à 98,673 fr. 71 cent.

Subventions aux diverses compagnies des services maritimes, y compris une avance de 2 millions aux deux principales compagnies et une subvention éventuelle de 2 millions à la compagnie générale Transatlantique, 24,590,175 fr. 10 cent.

La suppression temporaire, pendant la guerre, de certains parcours sur les lignes de la Méditerranée, des Antilles, de New-York et de l'Indo-Chine, ont donné lieu à une diminution proportionnelle du chiffre de la subvention payée aux compagnies concessionnaires.

Les frais de séjour des agents de la délégation à Tours et à Bordeaux se sont élevés à 39,416 fr. 40 cent.

71. Loi du 24 août 1871, mise à exécution dès le 1er septembre suivant, portant modification de la plupart des taxes postales, des droits perçus sur les valeurs déclarées et cotées et élévation de 1 à 2 p. o/o du droit sur les envois d'argent.

Le produit des droits sur les valeurs déclarées et cotées a été de 1,176,414 fr. 23 cent.

Les droits perçus sur les mandats d'articles d'argent internationaux se sont élevés à 81,829 fr. 86 cent.

Les subventions payées aux compagnies des services maritimes n'ont été que de 22,223,901 fr. 99 cent., par suite de réductions de parcours pendant la guerre et malgré le payement d'une subvention éventuelle de 2 000,000 à la compagnie générale Transatlantique.

Les dépenses extraordinaires de la délégation des postes à Bordeaux ont été de 27,549 fr.

Les frais de séjour du personnel des postes à Versailles ont atteint le chiffre de 622,810 fr.

Les frais d'exploitation du service postal allemand en France, mis à la charge du Trésor français par les conventions de Reims et de Ferrières, se sont élevés à 1,702,524 fr. 41 cent.

72. La taxe des billets d'avertissement est portée de 10 à 15 centimes (décret du 24 novembre 1871).

Ouverture, à partir du 1er août 1872, du service des mandats télégraphiques.

Les droits perçus sur les valeurs déclarées et cotées sont compris dans le produit de la taxe des lettres pour une somme de 1,642,536 fr. 64 cent.

Le produit des droits sur les mandats internationaux a été de 86,485 fr. 60 cent.

Les subventions aux compagnies des services maritimes ont atteint 28,222,110 fr. 11 cent., y compris une subvention éventuelle de 2 millions payée à la compagnie générale Transatlantique. Révision du taux de la subvention payée à la compagnie des Messageries nationales pour le service de la Méditerranée.

Les dépenses du service postal de l'armée allemande en France se sont élevées à 710,023 fr. 11 c.

73. Loi du 20 décembre 1872 portant création des cartes postales et réduction de 2 à 1 p. o/o du droit sur les envois d'argent.

Loi du 25 janvier, exécutée le 1er février suivant, établissant pour le public la faculté de faire recommander tous objets confiés à la poste, moyennant un droit fixe, en sus de la taxe ordinaire de 50 centimes pour les lettres et de 25 centimes pour les autres objets ;

Et assimilant, sous certaines réserves et conditions, les chargements de valeurs cotées aux chargements de valeurs déclarées, tout en ne les rendant passibles que d'un droit fixe de 50 centimes, en sus du droit ad valorem.

Les droits perçus sur les valeurs déclarées et cotées figurent dans le produit de la taxe des lettres pour une somme de 1,744,792 fr. 37 cent.

Le produit des droits sur les mandats internationaux a été de 85,636 fr. 34 cent.

Le nombre des cartes postales débitées a été de 5,176,071 cartes à 10 centimes et de 11,295,352 cartes à 15 centimes, ayant fourni une recette brute de 2,209,909 fr. 90 cent.

Les subventions payées aux diverses compagnies des services maritimes, y compris une subvention éventuelle de 2 millions payée à la compagnie générale Transatlantique, se sont élevées à 28,022,082 fr. 84 cent.

Le service de Calais à Douvres, remis en adjudication, est effectué moyennant une subvention annuelle de 100,000 fr. au lieu de 190,000 fr.

Le double service de Marseille en Corse et de Nice en Corse est adjugé à une nouvelle compagnie au prix de 375,000 fr., au lieu de 640,000 fr. payés à la précédente exploitation.

Les dépenses du service postal de l'armée allemande en France, jusqu'à la fin de l'occupation, se sont élevées à 395,063 fr. 91 cent.

TABLE CHRONOLOGIQUE

DES

LOIS, DÉCRETS, ORDONNANCES ET ARRÊTÉS

CONCERNANT

L'ADMINISTRATION DES POSTES,

RENDUS DE 1789 À 1874.

On a retranché de cette table les lois ou décrets rendus pour l'exécution des Conventions de poste conclues avec les offices étrangers, dont le tarif n° 1185 présente le résumé complet, et ceux qui sont dépourvus d'intérêt au point de vue de la législation.

Le texte des lois et décrets marqués d'un astérisque est donné en entier ou par extrait dans le recueil.

[1] Conventions modificatives des 1er mai 1856 et 30 décembre 1858.

---

(1) Conventions modificatives des 16 juillet 1860 et 22 avril 1861.

---

[1] Conventions modificatives des 17 février 1862, 8 mars 1864 et 17 avril 1865.

---

[1] Convention du 16 avril 1872, pour le transit à travers l'isthme de Panama. — Convention du 16 décembre 1873, modifiant celle du 16 février 1868. — Loi du 22 janvier 1874, approuvant la convention du 16 décembre 1873.

FIN DE LA TABLE CHRONOLOGIQUE.

TABLE ANALYTIQUE

DES

MATIÈRES CONTENUES DANS LE RECUEIL.

ARTICLES D'ARGENT. — Origine (Règlement 16 octobre 1627). — Transport matériel des espèces (D. 17-22 août 1791, art. 22). — Chargement à vue (D. 23, 24 et 30 juillet 1793, art. 38). — Transmission par mouvement de fonds entre comptables; formalités de réception et de payement; mandats perdus; saisies-arrêts (Règlement 24 février 1817). — Prescription (L. 31 janvier 1833, art. 1er). — Mandats internationaux (D. 2 novembre 1865); — Mandats télégraphiques (L. 4 juillet 1868, art. 4; D. 25 mars 1870). — Mandats à destination des militaires et marins en campagne (L. 30 mai 1871, art. 3). — Droit de 5 p. o/o (D. 17-22 août 1791, art. 22; règlement 24 février 1817); de 2 p. o/o (L. 3 juillet 1846, art. 2); de 1 p. o/o (L. 2 juillet 1862, art 29); de 2 p. o/o (L. 24 août 1871, art. 8); de 1 p. o/o, tarif actuel (L. 20 décembre 1872, art. 22).

AVIS DE NAISSANCE, MARIAGE OU DÉCÈS. — Expédition sous forme de lettres : taxe à la dimension (L. 15-17 mars 1827, art. 9). — Taxe au poids, tarif actuel (L. 25 juin 1856, art. 7). — Avis non affranchis (L. 25 juin 1856, art. 8).

BILLETS D'AVERTISSEMENT AVANT CITATION. — (L. 2 mai 1855, art. 2). — Tarif actuel (D. 24 novembre 1871, art. 5).

BULLETIN DES LOIS. — Réception des abonnements par les directeurs des bureaux de poste (A. C. 19 frimaire an x). — Expédition aux fonctionnaires et aux particuliers (Ord. 17 novembre 1844, art. 39 à 45).

CARTES POSTALES. — Origine, tarif actuel (L. 20 décembre 1872, art. 22). — Cartes postales recommandées (L. 25 janvier 1873, art. 1er.)

CAUTIONNEMENT. — Des receveurs des postes (D. 26 décembre 1868, art. 1er). — Des comptables des postes à Paris (id.). — Du receveur principal de la Seine (D. 27 novembre 1864, art. 4; D. 26 décembre 1868, art. 1er). — Des agents comptables des timbres-postes (D. 8 mars 1854).

CHARGEMENTS. — Origine (Déclaration du 8 juillet 1759). — Double port (D. 17-22 août 1791, art. 20; L. 5 nivôse an v, art. 14; D. 24 août 1848, art. 4). — Droit fixe de 20 centimes (L. 20 mai 1854, art. 3). — Changement dans la progression de poids (L. 4 juin 1859, art. 8). — Droit fixe de 50 centimes; changement dans la progression de poids (L. 24 août 1871, art. 5). — Indemnité fixe en cas de perte de chargement : (D. 17-22 août 1791, art. 21; D. 23, 24 et 30 juillet 1793, art. 38; L. 5 nivôse, an v, art. 14; L. 4 juin 1859, art. 7). — Chargements de valeurs déclarées : (V. Valeurs déclarées). — Chargements de valeurs cotées (V. Valeurs cotées). — Chargements d'office : (A. M. 6 juillet 1859, art. 13 et 14). — Chargements en franchise (D. 3-20 septembre 1792, art. 5; Ord. 17 novembre 1844, art. 40 et 47 à 56; A. M. 6 juillet 1859, art. 16). — Chargements de et pour les colonies : (L. 3-7 mai 1853, art. 1). — Lettres chargées de convocation pour le règlement des ordres (L. 21 mai 1858, C. de proc. civ., art. 751 nouveau). — Avis de réception de chargement (A. M. 6 juillet 1859, art. 8; L. 24 août 1871, art. 6). — Suppression du chargement simple; son remplacement par la formalité de la recommandation (L. 25 janvier 1873).

COLONIES. — Taxe des lettres de et pour les colonies (D. 17-22 août 1791, art. 24, 25 et 26; A. C. 19 germinal an x, art. 11 et 12; L. 15-17 mars 1827, art. 6; L. 30 mai 1838; A. M. 13 décembre 1848, art. 6; L. 3-7 mai 1853; L. 17 juin 1857). — Journaux et imprimés (D. 12 juillet 1856). —Suppléments de journaux consacrés à la publication des débats législatifs (D. 11 mai 1861).

COMPÉTENCE. — Compétence judiciaire en matière d'application de tarifs (D. 26-29 août 1790, titre 4, art. 3).

COMPTABILITÉ. — Versement du produit net des recettes aux receveurs des des finances (D. 23, 24 et 30 juillet 1793, art. 5). — Centralisation des écritures dans la comptabilité des directeurs comptables (Ord. 18 février 1827). — Comptabilité des receveurs des postes en Algérie (D. 10 mars 1860, art. 17 à 21).

CORSE. — Taxe des lettres de et pour la Corse (D. 17-22 août 1791, art. 29; L. 15-17 mars 1827, art. 5). — Lettres de la France pour la Corse et réciproquement assimilées aux lettres circulant en France (D. 24 août 1848, art. 1; A. M. 13 décembre 1848, art. 3; L. 20 mai 1854, art. 1).

COURRIERS. — Droit de création de services de transport par entreprise attribué à l'administration (D. 6-12 septembre 1791; D. 23, 24 et 30 juillet 1793, art. 9). — Défense d'arrêter les courriers aux portes des villes sujettes aux droits d'entrée. — Peines en cas de fraude (L. 28 avril 1816, art. 45).

DOUANES. Droit de perquisition et de saisie attribué aux employés des douanes (A. C. 27 prairial an IX, art. 3; A. C. 19 germinal, an x, art. 8).

ÉCHANTILLONS. — Taxe au tiers du port des lettres : D. 17-22 août 1791, art. 16; L. 15-17 mars 1827, art. 7). — Assimilation des échantillons aux lettres (A. M. 13 décembre 1848, art. 4). — Réduction de taxe (L. 25 juin 1856, art. 4). — Augmentation de taxe (L. 24 août 1871, art. 7). Tarif actuel — (L. 29 décembre 1873, art. 8). — Conditions d'expédition (A. M. 9 juillet 1856, 5 à 10). — Échantillons non affranchis (L. 25 juin 1856, art. 8; L. 24 août 1871, art. 7). — Échantillons recommandés (L. 25 janvier 1873, art. 1).

ÉPREUVES D'IMPRIMERIE CORRIGÉES. — Assimilation aux imprimés : (A. M. 9 juillet 1856, art. 4). — Assimilation aux papiers de commerce ou d'affaires; tarif actuel (L. 24 août 1871, art. 7). — Épreuves recommandées (L. 25 janvier 1873, art. 1).

ÉTRANGERS (Offices). — Autorisation de conclure des conventions avec les offices étrangers donnée au pouvoir exécutif, sous réserve de l'approbation du corps législatif (D. 17-22 août 1791, art. 31; D. 23, 24 et 30 juillet 1793, art. 36); sous réserve de l'approbation du corps législatif (L. 5 nivôse, an v, art. 5; L. 27 frimaire, an VIII, art. 11; D. 14 floréal, an x, art. 4); sous réserve de l'approbation du corps législatif (Sén. cons. 8-10 septembre 1869, art. 10). — Journaux et imprimés de ou pour l'étranger transportés par les bâtiments du commerce (D. 12 juillet 1856, art. 4). — Échange de mandats de poste avec l'étranger (D. 2 novembre 1865). — Chargements pour l'étranger (A. M. 6 juillet 1859, art. 9).

13

PORTS DE LETTRES ET PAQUETS. — Payement au comptant; refus des lettres détaxe (D. 17-22 août 1791, art. 14 et 15).

POURSUITES JUDICIAIRES. — Contre les agents de l'Administration de la poste aux lettres (A. C. 9 pluviôse an x). — Pour le recouvrement contre l'expéditeur du prix du port des journaux, imprimés, etc., refusés par le destinataire (L. 20 mai 1854, art. 2; L. 25 juin 1856, art. 8). — En matière de transport frauduleux de correspondances (A. C. 27 prairial an ix, art. 5 et 6). — En matière d'abus de franchise (A. M. 13 décembre 1848, art. 14). — Pour contraventions aux dispositions de la loi du 25 juin 1856 (L. 25 juin 1856, art. 9). — Pour contraventions aux dispositions de la loi du 4 juin 1859 (L. 4 juin 1859, art. 9; A. M. 6 juillet 1859, art. 13 à 15).

PRIVILÉGE. — Constitution du privilége des postes; privilége de la petite poste dans Paris; défense à toute personne étrangère au service des postes de s'immiscer dans le transport des lettres (Arrêts du Conseil d'État des 18 juin et 29 novembre 1681; Déclaration du 8 juillet 1759, art. 7; D. 26-29 août 1790, art. 4; A. C. 27 prairial an ix, art. 1er; A. C. 19 germinal an x, art. 1er et 2). — Exceptions : Paquets du poids d'un kilogramme et au-dessus (A. C. 27 prairial an ix, art. 2; A. C. 19 germinal an x, art. 1er; L. 25 juin 1856, art. 2; D. 6 octobre 1870, Tours); sacs de procédures (A. C. 27 prairial an ix, art. 2); papiers relatifs au service personnel des entrepreneurs de voitures (idem); lettres expédiées par exprès (idem, note). — Droit de perquisition (A. C. 27 prairial an ix, art. 3; L. 22 juin 1854, art. 20).

REBUTS. — Délais de conservation (D. 23, 24 et 30 juillet 1793, art. 42 et 43; Ord. 20 janvier 1819). — Lettres et paquets saisis : en exécution des arrêtés du 27 prairial an ix et du 19 germinal an x (D. 2 messidor an xii, art. 1er); en exécution du décret du 24 août 1848 (A. M. 13 décembre 1848, art. 14 et 15). — Correspondances relatives au service non distribuables (Ord. 17 novembre 1844, art. 80 et 81). — Paquets non contresignés taxés (Ord. 27 novembre 1845, art. 2; D. 11 novembre 1850). — Paquets contresignés refusés par les destinataires (Ord. 16 mai-1er juin 1847). — Paquets expédiés en franchise et taxés pour suspicion de fraude ou omission des formalités (A. M. 13 décembre 1848, art. 16).

RECOMMANDATION. — Origine; formalités de réception, de transmission et de distribution des lettres recommandées; taxe égale à celle des lettres ordinaires (Ord. 11 janvier 1829). — Double port (D. 24 août 1848, art. 4). — Droit fixe de 25 centimes (L. 18 mai 1850, art. 14). — Recommandation d'office (Ord. 17 novembre 1844, art. 46). — Suppression de la recommandation d'office (A. M. 13 décembre 1848, art. 12). — Lettres recommandées de et pour les colonies (L. 3-7 mai 1853, art. 1er). — Formalité de la recommandation remplacée par celle du chargement (L. 20 mai 1854, art. 3). — Rétablissement de la formalité de la recommandation; son extension à tous les objets rentrant dans le monopole de la poste (L. 25 janvier 1873, art. 1er, 2 et 3). — Irresponsabilité de l'Administration en cas de détérioration ou de spoliation; indemnité fixe en cas de perte (idem, art. 4). — Tarif actuel; droit fixe de 50 centimes pour les lettres et de 25 centimes pour les autres objets (idem, art. 5). — Avis de réception (idem, art. 7).

VALEURS DÉCLARÉES. — Origine; définition (L. 4 juin 1859, art 1ᵉʳ et 2). — Limite de garantie (L. 4 juin 1859, art. 1ᵉʳ et 3; L. 25 janvier 1873, art. 10). — Formalités de dépôt, de transport et de distribution (A. M. 6 juillet 1859, art. 1ᵉʳ à 7). — Avis de réception (*idem*, art. 8; L. 24 août 1871, art 6). — Remboursement en cas de perte (A. M. 6 juillet 1859, art. 10 à 12). — Droit fixe de 20 centimes et droit proportionnel de 10 cent. p o/o (L. 4 juin 1859, art. 4). — Tarif actuel; droit fixe de 50 centimes et droit proportionnel de 20 cent. p. o/o (L. 24 août 1871, art. 6). — Prescription (Voir valeurs).

VOIE DE MER. — Décime de voie de mer (D. 17-22 août 1791, art. 24 à 26; A. C. 19 germinal an x, art. 7). — Suppression du décime sur les lettres de et pour la Corse et l'Algérie (D. 24 août 1848, art. 1ᵉʳ; A. M. 13 décembre 1848, art. 3). — Mode de payement aux capitaines (L. 3-7 mai 1853, art. 3). — Taxe de 1 franc par kilogramme pour les journaux et imprimés exportés ou importés par les bâtiments du commerce (D. 12 juillet 1856, art. 4).

FIN DE LA TABLE ANALYTIQUE.

www.ingramcontent.com/pod-product-compliance
Lightning Source LLC
Chambersburg PA
CBHW060533210326
41519CB00014B/3207